Daniel Häni
Philip Kovce

Was fehlt, wenn alles da ist?

—> September

Freiwilligkeit ist der Preis der Freiheit.
Gottlieb Duttweiler

Daniel Häni
Philip Kovce

WAS FEHLT,
WENN ALLES DA IST?

Warum das bedingungslose Grundeinkommen
die richtigen Fragen stellt

orell füssli Verlag

© 2015 Orell Füssli Verlag AG, Zürich
www.ofv.ch
Alle Rechte vorbehalten

2. Auflage 2015

Umschlaggestaltung: Hauptmann & Kompanie Werbeagentur, Zürich
Umschlagfoto vorne: © KEYSTONE / Peter Klaunzer
Umschlagfoto hinten: © REUTERS / Denis Balibouse
Autorenfotos: © Ralph Boes
Druck: CPI books GmbH, Leck

ISBN 978-3-280-05592-2

Die Deutsche Nationalbibliothek verzeichnet diese Publikation in der Deutschen Nationalbibliografie; detaillierte bibliografische Daten sind im Internet über http://dnb.d-nb.de abrufbar.

Inhaltsverzeichnis

Zwischenspiel I

2 MACHT

Zwischenspiel II

Worum es geht

Fragen verändern alles. Was würden Sie arbeiten, wenn für Ihr Einkommen gesorgt wäre? Nachdem eine solche Frage beherzigt wurde, ist nichts mehr so, wie es war. Das Leben verläuft anders. Es gibt kein Vor-die-Frage-Zurück mehr.

Wer Fragen stellt, der stellt zugleich etwas infrage. Was als selbstverständlich galt, gilt jetzt nicht mehr. Jedenfalls nicht mehr als selbstverständlich. Fragen bringen das Alte aus dem Gleichgewicht und verleihen dem Neuen Gewicht. Sie bieten Gelegenheit, sich auszusprechen und abzustimmen. Sie ebnen den Weg in die Zukunft, den wir gemeinsam gehen wollen.

Gute Fragen sind die besten Antworten, da sie niemandem eine Antwort aufzwingen. Gute Fragen verdichten und erweitern. Sie bringen auf den Punkt, worum es geht, und lassen offen, wie es weitergeht. Wir werden umso besser miteinander umgehen, je besser die Fragen sind, die wir vertiefen.

* * *

Die Schweizer Volksinitiative *Für ein bedingungsloses Grundeinkommen* stellt Fragen. Dabei geht es nicht um Details, sondern um Grundsätzliches. Es geht nicht um einen Mindestlohn oder die Deckelung hoher Einkommen, nicht darum, welchen Mehrwertsteuersatz die Bratwurst hat, wenn sie beim Imbiss oder im

Restaurant gegessen wird, nicht um Radio- und Fernsehgebühren, nicht um Tempolimits oder Steuerprivilegien, sondern um eine Richtungsentscheidung.

Die Volksinitiative fragt zweierlei. Erstens: Was will ich eigentlich? Was würde ich tun, wenn für mein Einkommen gesorgt wäre? Wofür engagiere ich mich, wenn ich mich frei entscheiden kann? Das ist die Frage, die mich auf mich selbst zurückwirft. Sie spricht mich als selbstbestimmtes Individuum an. Es geht um das Bild, welches ich von mir selbst habe.

Die zweite Frage lautet: Bin ich bereit, den anderen die Existenzgrundlage bedingungslos zu gewähren? Kann ich mir vorstellen, dass sie ein Grundeinkommen erhalten, ohne dafür erst Auflagen erfüllen oder Leistungen erbringen zu müssen? Bin ich willens, die anderen über ihr Leben selbst bestimmen zu lassen? Bei dieser Frage geht es um die anderen als selbstbestimmte Individuen. Es geht um das Bild, welches ich von ihnen habe.

Würde das bedingungslose Grundeinkommen von einem Monarchen, einer Regierung oder einem Parlament verabschiedet, wäre seine Wirkung viel geringer, als wenn die gesamte stimmberechtigte Bevölkerung eines Landes die Fragen bewegt, die das Grundeinkommen stellt. Die Fragen, die das Grundeinkommen stellt, lassen sich nicht delegieren, denn sie fragen nach uns selbst. Deshalb ist es stimmig, dass wir uns gemeinsam darüber abstimmen.

* * *

Was fehlt, wenn alles da ist? Diese Frage stellt sich angesichts des Mangels im Überfluss, der Armut im Reichtum, der Leere in der Fülle. Wir folgen dieser Frage in drei Kapiteln, die sich damit befassen, wie wir Arbeit, Macht und Freiheit begreifen: Was würden Sie tun, wenn alle anderen für Sie arbeiten? Wer bestimmt, wenn jeder selbst bestimmt? Wie frei sind wir, wenn wir niemanden mehr zwingen?

Dieses Buch ist spielerisch entstanden. Über Wochen hat jeder von uns dem anderen abends eine Frage zum Grundeinkommen gestellt. Am nächsten Tag haben wir uns die Antworten geliefert. Sie legten den Grundstein für das Buch. Es ist ein Satz-Buch, das immer wieder die aphoristische Zuspitzung sucht, ein Absatz-Buch, das von Passage zu Passage Gedanken verdichtet, und ein Aufsatz-Buch, das kapitelweise Phänomene beleuchtet.

Autoren, die es besser wissen, beschämen oder langweilen die Leser. Gegen Besserwisserei helfen Humor und Skepsis. Wir haben also bestenfalls mit einem Augenzwinkern gute Fragen formuliert, die das Grundeinkommen zwar nicht als Patentlösung für alles erscheinen lassen, wohl aber als Generalschlüssel zeigen, der Zugang zu den Fragen der Gegenwart verspricht. Ideologien kommen als Antworten daher. Das Grundeinkommen, wenn es keine Ideologie ist, kommt mit seinen Fragen.

Was würden Sie tun, wenn alle anderen für Sie arbeiten?

Die Wirklichkeit der Arbeitsteilung

Wir arbeiten. Wir haben noch nie nicht gearbeitet. Doch wie wir die Arbeit organisieren, welches Ansehen sie genießt, welchen Begriff wir uns von ihr bilden, das ändert sich fortwährend. Früher war unser Gegenüber die Natur. Sie forderte uns heraus und ernährte uns. An und mit ihr haben wir uns entwickelt. Heute ist unser Gegenüber vor allem die Technik. Sie fordert uns ebenfalls heraus und dient uns. In Zukunft stehen wir mehr und mehr uns selbst und dem Selbst der anderen gegenüber. Wir stehen all dem gegenüber, was wir nicht beherrschen oder berechnen können. Dass es dazu kommen wird, ist eine Erfolgsgeschichte der Arbeitsteilung.

Was heißt Arbeitsteilung? Arbeitsteilung heißt, dass keiner mehr alles alleine macht. Arbeitsteilung heißt, dass wir den Herstellungsprozess von Produkten und Dienstleistungen in einzelne Arbeitsschritte aufteilen. Dadurch können sich Fachkenntnisse bilden, und es wird möglich, produktiver zu arbeiten. Arbeitsteilung ist der Vorgang, der uns gesellschaftlich von der Selbstversorgung zur Fremdversorgung geführt hat.

In der Selbstversorgung habe ich für mich selbst gearbeitet. In der Fremdversorgung arbeite ich für andere. In der Selbstversorgung waren die Früchte meiner Arbeit für mich, meine Familie, meine Sippe. Das, was ich von der Jagd nach Hause gebracht habe, habe ich selbst gegessen. Das, was ich auf dem Feld geerntet habe, war für meinen eigenen Lebensunterhalt. Ich habe konsumiert, was ich zuvor produziert hatte.

Heute, in Zeiten weltweiter arbeitsteiliger Fremdversorgung, ist es anders: Ich arbeite für die anderen, nicht mehr für mich; und die anderen arbeiten für mich, nicht mehr für sich. Ich bin mit meiner Arbeit nur noch an einem kleinen Teil eines Produktes beteiligt. Ich bin vielleicht Personalverantwortlicher in einem großen Konzern und dort für Bewerbungsverfahren zuständig. Oder ich bin Lehrerin, bilde junge Menschen aus und bereite damit vor, was sie künftig tun werden. Vielleicht bin ich auch Lastwagenfahrer und helfe bei der Verteilung vieler Produkte, die ich täglich transportiere. In jedem Fall konsumiere ich nicht mehr direkt, was ich produziere. Das ist bezüglich der Arbeit die größte Wende der Menschheitsgeschichte.

Man könnte die Wirklichkeit der Arbeitsteilung strukturelle Nächstenliebe nennen. Wir brauchen nicht mehr die moralische Aufforderung, sozial zu sein und andere am eigenen Erfolg teilhaben zu lassen. Nein, es ist bereits so eingerichtet, dass wir immer für andere arbeiten. Sozialer geht's nicht! Stattdessen meinen wir, wir würden für uns selbst arbeiten, weil wir für unsere Arbeit entlohnt werden. Wir meinen, der Lohn der Arbeit für andere sei die Beute, die wir von der Jagd nach Hause bringen. Wir verwechseln den Lohn mit dem Sinn der Arbeit. Gingen wir früher auf die Jagd, gehen wir heute auf den Arbeitsmarkt, packen uns dort den erstbesten Job und behandeln das Geld, das wir dafür erhalten, als Beute – wie einen Bären, den wir im Dickicht erlegt haben.

Was gilt es also zu verstehen? Es gilt zu verstehen, dass ich heute von dem lebe, was andere für mich leisten. Die anderen sind nicht mehr meine Feinde und Kontrahenten, sondern meine Freunde und Produzenten. Feinde konkurrieren, Freunde kooperieren. Würde niemand mehr für mich arbeiten, hätte ich nichts. Ich fiele in die Selbstversorgung zurück. Das ist die Gegenwart von gestern.

Was folgt daraus? Wenn ich davon lebe, was die anderen für mich leisten, bin ich gut beraten, dafür zu sorgen, dass sie sich freuen, für mich zu arbeiten. Wenn ich gute Produkte konsumieren will, habe ich dafür zu sorgen, dass sie unter guten Bedingungen hergestellt werden können. Ich habe dafür zu sorgen, dass die Menschen, die für mich arbeiten, dies bestmöglich tun können.

»Egoismus ist nicht eine andere Welt – nur eine kleinere«, so der Schweizer Schriftsteller Ludwig Hohl. Egoismus sei »nicht das Gegenteil vom Aufgehen in die Welt, sondern eine Vorstufe«.[1] Es hilft nichts, den Egoismus dieser Tage anzuprangern. Er muss nicht verteufelt, sondern verstanden werden. Dann wandelt er sich auch mental zu dem, was er faktisch längst ist: strukturelle Nächstenliebe.

Volle Leere

Wir leben heute im Überfluss. Von den Jägern und Sammlern über die antiken Hochkulturen bis hin zum Mittelalter, der Renaissance, der Aufklärung, der industriellen Revolution, ja bis hinein in die erste Hälfte des 20. Jahrhunderts – immer galt das Gebot des Mangels. Wenigen Mächtigen ging es gut, doch auch sie hatten noch kein fließendes warmes Wasser, keinen Privatjet und kein Smartphone.

Von Aristoteles' Hauswirtschaftslehre bis hin zu den modernen Vordenkern der Nationalökonomie wie Adam Smith,

David Ricardo oder Léon Walras – stets ist der Mangel die Voraussetzung ihrer Theorien gewesen. Heute leiden immer noch viele Menschen darunter, nicht mit dem Lebensnotwendigen ausgestattet zu sein. Doch der Mangel hat längst seine Notwendigkeit eingebüßt. Er ist inzwischen, wie der Überfluss, unser Werk.[2]

Wenn wir mehr Menschen ernähren könnten, als derzeit auf der Erde leben, und dennoch Unzählige Hunger leiden, dann liegt das daran, dass wir den Reichtum so behandeln, als wäre er mangelhaft. Ein knappes Gut. Eine begrenzte Ressource. Was uns fehlt, ist die Fähigkeit, mit dem real existierenden Überfluss angemessen umzugehen.

Die Übung, die der Überfluss von uns fordert, ist Großzügigkeit. Wer sich darauf nicht versteht, wird gierig oder geizig – zwei Verhaltensweisen angesichts des Mangels. Das Grundeinkommen nimmt den objektiv nicht mehr bestehenden Mangel ernst – und ermöglicht, ihn subjektiv nicht mehr an der falschen Stelle spüren zu müssen. Wer sich permanent durch materiellen Mangel bedroht sieht, rennt wie ein Tier auf Nahrungssuche durch die Welt. Er jagt entweder seinen Artgenossen die Beute ab oder frisst seinem Herrchen willig aus der Hand.

Das Grundeinkommen lässt die animalische Selbstversorgungsattitüde auffliegen. Nur der Mensch ist zur umfassenden Fremdversorgung fähig. Natürlich gibt es Arbeitsteilung auch im Tierreich. Doch einzig der Mensch ist in der Lage, die Befriedigung seiner Grundbedürfnisse ausnahmslos in die Hände seiner Mitmenschen zu legen. Ein Umstand, der durch die Industrialisierung selbstverständlich werden konnte.

Der Soziologe Georges Bataille war einer der Ersten, die eine Theorie des Überflusses formulierten. Überfluss, so Bataille, äußere sich in zweifacher Form: entweder verschwenderisch, wie etwa in der Kunst, oder zerstörerisch, wie bei einem Terroranschlag.[3]

Das Grundeinkommen ermöglicht, dass sich Überfluss nicht bloß verschwenderisch oder zerstörerisch, sondern auch fruchtbar äußern kann. Denn letztlich sind Mangel und Überfluss zwei Formen der Verlegenheit: Der Mangel weiß nicht, woher die Dinge nehmen, der Überfluss nicht, wohin mit ihnen.

Der Philosoph Peter Sloterdijk schildert das bedingungslose Grundeinkommen als einen Ansatz, »mit dessen Hilfe die moderne Gesellschaft das *ancien régime* des Mangels und der künstlich erzeugten Knappheiten hinter sich lassen sollte«.[4] Wenn das gelingt, sind wir aus freien Stücken großzügig geworden.

Wer kein Geld hat, schadet der Wirtschaft

Wer im Überfluss lebt, für den ist nicht das Herstellen, sondern das Verkaufen problematisch. Die Regale sind voll. Alles ist da. Damit es auch verkauft wird, ist Werbung zu einem großen Wirtschaftszweig geworden. Überall wird nach Absatz gesucht – mit allen Mitteln. Wie gewinnen wir noch mehr Kunden? Wie binden wir sie besser? Wie können wir ihnen noch mehr verkaufen? Niemand spricht von Produktionsproblemen.

Rezession ist nicht, wenn wir weniger herstellen, sondern wenn wir weniger kaufen können. Selbst beim neuen iPhone ist der Bedarf nur einige Stunden oder Tage größer als das Angebot. Und auch das ist nur ein Werbetrick, indem eine Verknappung inszeniert wird. Niemand sagt: Wir haben ein unlösbares Problem, weil die Nachfrage zu groß ist. Wir haben vielmehr Angst, dass die Nachfrage nachlässt, als dass wir ihr nicht gerecht werden können.

Von etwas mehr herzustellen, ist kein Problem. Von etwas weniger herzustellen, schon eher. Am schwierigsten ist es für Unternehmen, zu schrumpfen. Solange die Nachfrage größer als die Produktion ist, kann man sich dem meist schnell und ohne großes Risiko anpassen. Man wächst. Lässt jedoch die Nachfrage nach, ist es unternehmerisch durchaus anspruchsvoll, die Produktion herunterzufahren, ohne dabei Verluste zu verbuchen.

Wir tun so, als ob wir im Mangel leben würden. Dabei gibt es von vielem viel zu viel! Wirtschaftskrise ist, wenn wir zu wenig Geld zum Konsumieren haben. Nicht die Arbeitslosigkeit ist das Problem, sondern die Einkommenslosigkeit. Die Negativspirale der Wirtschaftskrise beginnt beim fehlenden Absatz. Fehlt der Absatz, verlieren viele ihren Arbeitsplatz, und die Folge ist, dass viele noch weniger konsumieren können, weshalb noch mehr ihren Arbeitsplatz verlieren. Einkommenslosigkeit ist ihr Los.

Das bedingungslose Grundeinkommen ist in einer solchen Situation ein wirksames Konjunkturprogramm. Es würde die lahmende Wirtschaft Spaniens, Griechenlands, Portugals, Italiens oder Frankreichs sofort beflügeln. Sobald jemand genügend Geld hat, um zu konsumieren, stimuliert er die Produktion. Der Konsument ist der Auftraggeber der Wirtschaft. Schwächelt der Konsument, schwächelt die Wirtschaft. Wer nicht zahlen kann, ist wirtschaftlich wertlos. Wer kein Geld hat, schadet der Wirtschaft. Die Wirtschaft würde zusammenbrechen, wenn sich eine politische Bewegung formierte, die erfolgreich forderte, nichts mehr zu kaufen.

China führt derzeit zunehmend Sozialleistungen ein, damit die Sparquote sinkt und das Kapital nicht weiter gehortet, sondern in Umlauf gebracht wird.[5] Die Schweiz hat europaweit die höchste Sparquote privater Haushalte – dicht gefolgt von Luxemburg und Deutschland.[6] Das bedingungslose Grundeinkommen könnte dazu führen, dass die Sparquote sinkt, da es jene Existenzsicherheit garantiert, wegen deren Gefährdung Menschen Geld zurückhalten, anstatt es auszugeben.

Der Motor der Produktion ist kaufkräftige Nachfrage. Wir müssen nicht die Produktion, sondern die Einkommen sichern. Ohne Einkommen keine Wirtschaft. Das bedingungslose Grundeinkommen sichert die Einkommen und stabilisiert die Wirtschaft damit langfristig.

Sozial ist, wer Arbeit abschafft

Es gibt so viel Arbeit, wie es Menschen gibt. Arbeit lässt sich nicht gerecht verteilen. Ungerecht aber ist es, Menschen an ihrer Arbeit zu hindern. Das geschieht, wenn wir die Arbeit als Wertsache ansehen und mit ihr als Währung handeln. Arbeit ist nicht der Wert, sondern das, was Werte schafft. Die große Tragik der Erwerbsarbeitsfixierung liegt in der Verknüpfung von Arbeit und Einkommen. Das Grundeinkommen löst diese Verknüpfung im Bereich der Existenzsicherung auf und verflüssigt den verfestigten Arbeitsbegriff.

Warum soll Arbeit gerecht verteilt werden? Warum soll die Arbeitszeit verkürzt werden? Ist Arbeit etwa ein knappes Gut? Muss sie besser verteilt werden? Wenn man von der Arbeit abhängig ist, um seinen Lebensunterhalt zu bestreiten, lautet die Antwort: Ja. Arbeitslos nennen wir diejenigen, die Arbeit suchen, weil sie ein Einkommen brauchen, um überleben zu können. Sie bitten um Arbeit. Und wenn ihnen jemand Arbeit gibt, nennen sie ihn Arbeitgeber. So weit ist es gekommen: dass diejenigen, die arbeiten, die Arbeitnehmer sind. Dann heißt es: »Vielen Dank, dass ich für Sie arbeiten darf.« Oder im Laden: »Vielen Dank, dass Sie bei uns eingekauft haben.« Man bedankt sich bei jemandem, der einem etwas gibt oder etwas für einen tut, aber man sagt doch nicht: »Vielen Dank, dass ich für Sie einen Kuchen backen durfte, den Sie jetzt mitnehmen.«

Wenn wir einen Kuchen kaufen, sollten wir sagen: »Vielen Dank für den Kuchen! Vielen Dank, dass Sie ihn für mich gebacken haben, und vielen Dank all jenen, die dazu beigetragen haben, dass Sie für mich einen Kuchen backen konnten. Dank dem Mehllieferanten, dem Müller, dem Landwirt – Dank der ganzen Welt.«

Wir leben in einer verkehrten Welt, in der die, die etwas nehmen, Dank einfordern, und die, die etwas geben, sich bedanken. Der Grund dafür: Wir haben aus der Arbeit ein beschränktes Gut gemacht. Der Arbeitsbegriff steht auf dem Kopf. Der Kopf ist am Boden. Die Beine hängen in der Luft. Resultat: Wir leiden im Überfluss. Die Gedanken werden mit Füßen getreten. Wir produzieren kopflos am Bedarf vorbei.

Wer Menschen beobachtet, die ihren Müll auf öffentlichen Plätzen einfach fallen lassen, anstatt ihn zu entsorgen, der bekommt auf Nachfrage oft zu hören, dass sich die Täter als Wohltäter empfinden. Schließlich würden sie ja Arbeitsplätze sichern. Recht haben sie – die Übeltäter. Nur ist es so, dass es nicht sozial, sondern asozial ist, Arbeit zu sichern! Es sorgt dafür, dass sich andere mit unserem Müll beschäftigen müssen. Sozial ist nicht, wer Arbeit schafft, sozial ist, wer sie abschafft. Sozial ist nicht, wer anderen seinen Müll hinterlässt, sondern wer ihn entsorgt und damit anderen erspart, sich darum kümmern zu müssen. Das gilt nicht nur für den Müll.

Voll beschäftigt oder sinnvoll tätig?

Wenn wir nur konsequent die derzeitige Politik des Förderns und Forderns fortsetzen, sei Vollbeschäftigung zu erreichen, meinen jene Arbeitsmarktexperten, denen die Arbeitslosenzahlen permanent Kopfschmerzen bereiten. Doch was steckt hinter dem Ideal der Vollbeschäftigung?

Vollbeschäftigung herrscht, so die übliche Definition, wenn alle Erwerbsarbeitswilligen eines Landes einen Erwerbsarbeitsplatz innehaben. Wer einen Arbeitsplatz sucht, aber keinen findet, gilt als arbeitslos. Alter, Qualifikation, Wohnsitz und vieles mehr spielen für die Chancen auf dem Arbeitsmarkt eine Rolle. Das Ziel: nicht arbeitslos, sondern beschäftigt zu sein. »Die Vollbeschäftigung ist für uns Gewerkschaften nicht einfach eine unrealisierbare Utopie, sondern ein politisches Ziel«, sagt Rolf Zimmermann, inzwischen pensionierter Zentralsekretär des Schweizerischen Gewerkschaftsbundes.[7] Und die deutsche Bundeskanzlerin Angela Merkel meint: »Arbeit für alle sollte ein Ziel sein, das wir im Auge behalten sollten.«[8]

1995 trafen sich auf Einladung der Gorbatschow-Stiftung führende Politiker, Unternehmer und Wissenschaftler in San Francisco, um gemeinsam über die Zukunft nachzudenken. Dabei ging es im Wesentlichen um die These, dass im 21. Jahrhundert nur noch 20 Prozent der arbeitsfähigen Bevölkerung ausreichen würden, um die Weltwirtschaft in Schwung zu halten.

Der amerikanische Ökonom Jeremy Rifkin gilt als Vordenker der sogenannten 20:80-Gesellschaft. Er analysiert in seinem Bestseller *Das Ende der Arbeit und ihre Zukunft* die Folgen des technischen Fortschritts und kommt dabei zu dem Schluss, dass sich die Arbeit selbst abschaffe. Viele Millionen Arbeitsplätze werden Rifkin zufolge durch die fortschreitende

Rationalisierung sowie durch den weltweiten Einsatz der Informationstechnologien wegfallen. »Künstliche Intelligenz und Spracherkennungssysteme lassen immer mehr Bürojobs verschwinden. Der Einzelhandel ist ein anderes Feld, dort bewegt es sich immer weiter vom physikalischen zum digitalen Verkauf hin. Selbst Anwälte, Buchhalter oder Radiologen haben inzwischen Angst. [...] Wir werden unsere Arbeit an Maschinen und Algorithmen verlieren, es passiert bereits!«, so Rifkin.[9] Dirk Helbing, Komplexitätsforscher an der ETH Zürich, unterstreicht diese Dynamik: »Nichts wird so bleiben, wie es war. In den meisten europäischen Ländern werden circa 50 Prozent der heutigen Arbeitsplätze verloren gehen.«[10]

Die Logik, dass technischer Fortschritt und gesteigerte Produktivität zwar alte Jobs überflüssig machen, dafür aber mindestens genauso viele neue schaffen würden, sieht Rifkin widerlegt. Für ihn ist es keine Frage, ob die 20:80-Gesellschaft kommt, sondern wie wir damit umgehen, dass sie kommt: »Die Rolle des Individuums in einer Gesellschaft ohne Massenerwerbsarbeit neu zu definieren, dies wird vielleicht die Hauptaufgabe des kommenden Jahrhunderts werden«, so Rifkin 1995.[11]

Viele teilen Rifkins Einschätzungen nicht. Sie halten es eher mit dem amerikanischen Wirtschaftsnobelpreisträger Robert Solow, der meint: »Die Angst vor der Automatisierung der Arbeitswelt ist genauso unbegründet wie die Angst vor dem Zusammenstoß mit einem riesigen Asteroiden.«[12] Die Argumente der Rifkin-Kritiker lauten: Da wir immer länger leben und uns immer weniger vermehren, werde es infolge des demografischen Wandels einen Fachkräftemangel ohnegleichen geben. Immer weniger Berufstätige müssten für immer mehr Berufsunfähige sorgen, sodass es nicht zu Jobverlusten, sondern zu ungeahnter Jobnachfrage kommen werde.

Unabhängig davon, was Menschen und Maschinen in Zukunft zu tun haben werden, führt das Ziel der Vollbeschäftigung in die Irre. Denn: Vollbeschäftigung degradiert Arbeit zur bloßen Beschäftigung. Arbeit erledigt man nur dann, wenn es etwas zu tun gibt. Beschäftigung sucht man auch dann, wenn es nichts zu tun gibt.

Die Idee der Vollbeschäftigung rührt daher, dass wir uns über Erwerbsarbeit sozial absichern. Wer Arbeit hat, erhält ein Einkommen. Deshalb ist die Forderung, dass wir Erwerbsarbeit brauchen, wichtiger als die Frage, wie wir arbeiten und was wir tun wollen. Egal wie, egal was: Hauptsache, es wird gearbeitet. Sozialversicherungspflichtige Erwerbsarbeitsplätze sind das Höchste der politischen Gefühle.

Vollbeschäftigung ist der Inbegriff des Missverständnisses, dass Arbeit dazu da sei, Menschen zu beschäftigen. Arbeit muss man nicht schaffen oder sichern, sondern tun. Wer sinnvoll tätig ist, wird tätig, wenn es etwas zu tun gibt. Es gibt immer etwas zu tun, allerdings nicht in Form entlohnter Beschäftigung. Diese nimmt zunehmend ab. Theo Wehner, Arbeitspsychologe an der ETH Zürich, folgert deshalb, »dass Vollbeschäftigung eine utopischere Vorstellung ist als die eines bedingungslosen Grundeinkommens«.[13]

Was fehlt, wenn es an Fachkräften fehlt?

Menschen werden älter, Maschinen besser. Wozu das führen wird, ist offen: Vom Ende der Arbeit reden Jeremy Rifkin und andere. Rationalisierung und Digitalisierung befreien uns von mühseliger Tätigkeit, so ihre These. Andererseits haben wir einen wachsenden Fachkräftemangel. Ingenieure, Informatiker, Ärzte, Pfleger, Lehrer – an ihnen mangelt es schon heute. Und in Zukunft wohl noch mehr. Was heißt das?

Das bedingungslose Grundeinkommen finanziert jedem die Ausbildung zur Fachkraft seiner selbst. Ein Leben lang. Das ist kein Selbstzweck. Erst wer ganz auf sich allein gestellt ist, kann wirklich für andere tätig sein. Wer Fachkraft seiner selbst ist, vermag besser zu erkennen, was die anderen brauchen. Das ist der besondere Fachkräfteboom, den das Grundeinkommen auslösen könnte.

Doch was ist mit den Fachkräften, von denen die Unternehmen schon heute angeben, dass sie fehlen? Was ist mit den Aufgaben, die liegen bleiben? Für das Fehlen eines Angebots bei existierender Nachfrage gibt es unterschiedliche Gründe, die so oder so mit der mangelnden Attraktivität der Tätigkeit zusammenhängen. Entweder wird sie zu schlecht bezahlt, oder andere Tätigkeiten werden aus anderen Gründen bevorzugt. Möglich ist auch, dass dieselben Tätigkeiten nicht mehr vorrangig über den Arbeitsmarkt, sondern privat organisiert werden – unter Nachbarn und Freunden.

Die Objektivität des Fachkräftemangels ist oftmals subjektiv. Unternehmen, die weniger bezahlen, als die Arbeitnehmer verlangen, leiden immer unter Fachkräftemangel. Wer auskömmlich bezahlt, muss sich keine Sorgen machen. Das Gleiche gilt für Ansehen und Anerkennung: Wer sein Tun gewürdigt und wertgeschätzt sieht, wer sich überdies mit Kollegen und Kunden gerne trifft, der wird seine Tätigkeit weiterhin wahrnehmen.

Das bedingungslose Grundeinkommen ermöglicht, alles zu tun oder zu lassen – oder alles ganz anders zu tun. Es ermöglicht, auch außerhalb des Pflegeheims die Verwandten zu betreuen, sich jenseits der Universität zu bilden, den Freunden die Software und den Nachbarn den Gasherd zu installieren. Wer diese Privatisierung nicht will, der muss unter Grundeinkommensbedingungen die ihm wichtig erscheinenden Jobs derart fördern, dass andere sie weiterhin kommerziell ergreifen wollen. Konzerne werden dann nicht mehr in Hochglanzbroschüren und Marketing investieren, sondern in das soziale Klima, den familienfreundlichen Halbtagsjob, den Urlaub zu Schulferienzeiten und das angemessene Gehalt. Oder sie werden in die Automatisierung investieren, die viele Tätigkeiten überflüssig macht – zunehmend auch im Dienstleistungsbereich. Technisch steht dem immer weniger entgegen. Wenn wir menschlich darin ein Problem sehen, dann haben wir entweder andere dafür zu begeistern, ungeachtet der technischen Rationalisierungsmöglichkeiten weiterhin tätig zu sein, oder wir müssen auf Leistungen verzichten, die wir nicht selbst erbringen können.

Das bedingungslose Grundeinkommen reagiert auf den Fachkräftemangel und die Rationalisierung, also den Wegfall vieler Jobs, indem es nicht den Job, sondern den Jobber absichert. Das kommt der sozialstaatlichen Praxis nahe, wie sie vor allem die skandinavischen Länder kennen: Dort werden nicht bankrotte Firmen, sondern Arbeitnehmer vor dem Bankrott gerettet. Während Deutschland Opel stützt und dafür massiv in den Markt eingreift, rettet Schweden nicht Saab, sondern dessen Mitarbeiter. *Flexicurity* heißt das: flexibel und sicher.[14]

Das bedingungslose Grundeinkommen ermöglicht, sich auch auf unsichere Tätigkeiten einzulassen, da es die Existenz absichert. Es ermöglicht zu helfen, wo Hilfe gebraucht wird. Und der Mangel, der es wert ist, dass ihm Abhilfe geschaffen wird, wird dank des Grundeinkommens unterscheidbar von jenem Mangel, der in nichts anderem als einer Erwerbsarbeitsmarktverzerrung besteht.

Was folgt automatisch?

Die Automatisierung der Welt ist Fluch und Segen zugleich. Der Segen ist einfach zu bemerken: Roboter, Maschinen, Programme, eben die ganze Automatisierung nimmt uns die schwere, oft langweilige und eintönige Arbeit ab. Und nicht nur das: Bald ist es möglich, dass unser Auto ohne Fahrer fährt, der Arzt durch eine Diagnose-Applikation und das Pflegepersonal durch einen Roboter ersetzt wird, der nie ungeduldig oder sauer und außerdem rund um die Uhr zu Diensten ist. Der Care-O-bot vom Fraunhofer-Institut für Produktionstechnik und Automatisierung ist zwar erst ein Prototyp, aber nicht mehr eine Frage der Möglichkeit, sondern nur noch eine Frage der Zeit.[15] Zwar umstritten, aber bereits erfolgreich sind Roboter-Robben in Japan im Einsatz. Sie sind kuschelig, reagieren auf Berührung und sind bei Demenzkranken sehr beliebt. Fluch oder Segen?[16]

Wer noch keine Vorstellung davon hat, was da auf uns zukommt, findet in der schwedischen Fernsehserie *Real Humans* Hinweise darauf. Sie nimmt Fragen vorweg, vor die wir schon bald gestellt sein werden. In der Serie treten Roboter auf, die Hubots (für: *human robots*) genannt werden. Sie durchdringen unseren Alltag, das Geschäftsleben und die Freizeit. Es ist sogar möglich, sich von einem Menschen eine Kopie zu erstellen, die in einem Hubot hochgeladen werden kann. Die Hubots brauchen kein Essen, kein Trinken, keinen Schlaf und auch kein Grundeinkommen. Sie brauchen nur Strom. Und man kann sie ausschalten.

Der Segen der Automatisierung ist in jedem Fall, dass wir als Rädchen im Getriebe der Industrialisierung überflüssig und vor die Frage gestellt werden, wie wir uns sinnvoll betätigen wollen. Jetzt so zu tun, als ob wir weiterhin am Fließband gebraucht würden, ist nicht die richtige Antwort. Die Erfolgsgeschichte zu ignorieren und uns weiterhin Fleiß und Schweiß aufzuzwingen, wäre tragisch. Die Frage lautet, wie wir den technischen Fortschritt in unseren Dienst stellen können.

Das bedingungslose Grundeinkommen lässt sich unter diesem Gesichtspunkt als Automatisierungsdividende verstehen. Nicht Roboter brauchen Einkommen, sondern wir. Wir erhalten den Lohn dafür, dass Roboter uns die Arbeit abnehmen, weil sie selbst keinen Lohn benötigen. Wir belohnen uns selbst dafür, Roboter erfunden zu haben. Das Grundeinkommen beteiligt jeden Bürger an den Gewinnen des technischen Fortschritts, indem es ihm subjektiv die Freiheit ermöglicht, die der technische Fortschritt für uns alle längst objektiv verwirklicht.

Work-Life-Schizophrenie

Wir leben unentwegt, wenn wir leben. Egal, ob als Kinder im Hort oder als Alte im Heim, egal, ob als Mutter zu Hause oder als Vater im Chefsessel, egal, ob beim Sonnenbaden oder auf der Karriereleiter: Wir leben – und fühlen uns dabei mal so, mal so. Gelebte Zeit ist Lebenszeit.

Die Unterscheidung zwischen Arbeitszeit und Freizeit ist ein recht junges Phänomen. Die Athener Bürger kannten es nicht. Sie hatten immer Freizeit – ihre Sklaven immer Arbeitszeit. Darin bestand ihr Leben. Auf dem Mittelalter-Bauernhof herrschte Arbeitszeit, wenn es etwas zu tun gab – und Freizeit, wenn die Sachen geschafft waren. Es ging nicht darum, Arbeitszeit zu maximieren oder Arbeit zu simulieren, sondern darum, Aufgaben zu erledigen. Erst durch die Arbeitsteilung und die sogenannte entfremdete Arbeit, die im Zuge der Industrialisierung Heerscharen in die Fabriken zog, kam die Teilung zwischen Arbeits- und Freizeit. Heute heißt dieses Phänomen: Work-Life-Balance.

Wer sein Arbeiten mit seinem Leben in der Balance halten will, hält an der überholten Teilung aus dem Industriezeitalter fest. Er spaltet die Arbeit von seinem Leben und sich selbst von der Arbeit ab. Er nimmt sich vor, nicht zu viel zu arbeiten und nicht zu wenig zu leben. Die Sorge um gute Arbeit und gutes Leben führt zu Arbeitsstress und Freizeitstress.

Die Teilung von Arbeit und Leben ist zu einer Volkskrankheit geworden: der Work-Life-Schizophrenie. Wer Arbeitszeit heute nicht als Lebenszeit begreift, ist von gestern. Denn selbstverständlich schreibt sich jede Stunde, die wir mit uns selbst und anderen verbringen, in unser Lebensbuch ein. Wer das nicht bemerkt, wird krank.

Wir entwerten die Arbeit, wenn wir sie nicht als Lebenszeit verstehen. Ja mehr noch: Wir entwerten uns – und das, was wir bei der Arbeit tun. Wer sich auf eine Arbeit einlässt, damit sie ihm später ein schönes Leben ermöglicht, der hat kein solches. Wer sich einem Job unterwirft, um frei zu werden, bleibt unfrei.

So wie wir Arbeitszeit nicht als Lebenszeit wahrnehmen, so wenig wissen wir die tagtägliche Arbeit in der Freizeit, in der Familie, in der Nachbarschaft zu schätzen, die unbezahlt und ungefragt erledigt wird. Die Mutter, die die Kinder zur Schule fährt, der Vater, der bei den Hausaufgaben hilft, die Freunde, die einen Kranken pflegen, die Ehrenamtlichen, die sich sinnvoll engagieren – sie machen es nicht für Geld, sondern aus Liebe zur Tat und zum Mitmenschen.

Wenn wir Tätigkeiten aufnehmen, die zu tun sind, wenn wir Initiative ergreifen, die gefordert ist, leben und arbeiten wir! Work-Life-Balance macht die Arbeit kleiner, als sie ist – nämlich zum bloßen Frondienst; sie macht das Leben kleiner, als es ist –

nämlich zur bloßen Freizeit; und sie macht uns kleiner, als wir sind – nämlich zu mal fleißigen, mal faulen Halbwesen.

Arbeitszeit und Freizeit sind Lebenszeit. Sie zu unterscheiden, macht die Arbeit unfrei und die Freizeit unfruchtbar. Heute wäre es möglich, in Freiheit zu leben und zu arbeiten. Wer das verhindert, verspielt das Kapital der Zukunft: den freien Menschen.

In Teufels Küche oder: Wer nicht isst, kann auch nicht arbeiten

»Wer nicht arbeiten will, soll auch nicht essen.«[17] So lautet ein bekanntes Paulus-Wort im Neuen Testament. Was es zur Zeit des Apostels genau besagte, ist eine eigene Geschichte.[18] Jedenfalls hat es die Zeiten überdauert und ist längst zur moralischen Drohung geworden: Von nichts kommt nichts! Da wir zwar vieles brauchen, aber nur verteilen können, was wir gemeinsam erwirtschaften, gehört der Leistungsverweigerer bestraft.

Wer so denkt, denkt mangelhaft. Seit Jahrtausenden erzählen wir uns unsere Geschichte als Geschichte des Mangels. Genauer: als eine Geschichte des Erkenntnisgewinns und des Nahrungsverlusts. Adam und Eva kosten vom Baum der Erkenntnis – und anstatt satt werden sie wissend. Sie müssen das Paradies zur Strafe verlassen. Adam, so das Urteil Gottes, habe im Schweiße seines Angesichts sein Brot zu verdienen und Eva unter Schmerzen Kinder zu gebären. Das ist die biblische Urszene von Schmerz, Mangel und Erkenntnis.

Es lässt sich auch eine ganz andere Geschichte der Schöpfung erzählen: An ihrem Beginn steht nicht die Strafe, sondern das Geschenk. Die Schöpfung ist für diesen oder jenen Gott ein

Erweis seiner Kraft, seiner Güte, seiner Vollkommen- oder Unvollkommenheit, seiner Macht, seiner Freiheit, seiner Einsamkeit oder seiner Liebe. In jedem Fall erhält der erste Mensch die Welt geschenkt. Wie soll er nun mit diesem Geschenk umgehen?

Geschenke lassen frei. Weder zu ihrer Annahme noch zu ihrer Erwiderung kann man gezwungen werden. Wir tun heute so, als müsste sich der einzelne Mensch, der auf die Welt kommt, seine Existenz erst noch verdienen, als hätte er nicht einfach Geburtstag und sei deshalb willkommen. Dass es derartige Erwartungen gibt, zeugt von einer Zeit, in der Arbeit als notwendig, oftmals jedoch zugleich als überflüssig und unsinnig erlebt wird. Es verweigert sich ja nur derjenige einer Tätigkeit, der nicht liebt, was er tut, und nicht einsieht, dass das, was er tut, gebraucht wird. Heute ist es oft kaum mehr möglich zu sehen, dass man gebraucht wird, weil alles längst schon da ist. Und trotzdem tun wir so, als müsste sich jeder erst als fleißig erweisen, ehe er einen kleinen Teil vom übergroßen Kuchen erhalten darf.

Der Satz, dass nur zu verteilen sei, was zuvor hergestellt worden sei, ist ebenso trivial, wie die heutige Schlussfolgerung daraus fatal ist. Sie lautet: Jeder muss so tun, als produziere er etwas, um teilnehmen zu dürfen – anstatt dass wir ihn einfach teilnehmen lassen. Erst wer teilnehmen darf, sieht, was wirklich zu tun ist. Wer nicht teilnehmen darf, tut so, als würde er sehen, was zu tun ist, damit er teilnehmen darf. Das ist der schräge Blick, der nicht auf Aufgaben schauen kann, sondern auf Einkommen schielen muss. Das Grundeinkommen hilft, die Aufgaben klarer und deutlicher zu sehen, da es die Notwendigkeit nimmt, auf das Einkommen schielen zu müssen.

Im Paradies auf Erden oder:
Wer nicht denken will, fliegt raus

»Erst kommt das Fressen, dann kommt die Moral.«[19] So heißt es in Bertolt Brechts *Dreigroschenoper*. Das ist dem Mangel abgeschaut und der Tatsache, dass vom Menschen oft edle Dinge verlangt werden, anstatt ihn zunächst zu sättigen. Erst der gesättigte Mensch kann produktiv werden. Jemandem die Nahrung zu verweigern, der sich dem Nutzen verweigert, ist alttestamentarisch: Auge um Auge, Zahn um Zahn. Im Neuen Testament heißt es: Wenn dich jemand auf die rechte Wange schlägt, dann halte ihm auch die linke hin. Das bedeutet, dass der Strafende letztlich sich selbst straft, wenn er dem Bestraften die Möglichkeiten zur Besserung raubt. Kein Mensch wird besser, wenn man ihn Dinge tun lässt, die er nicht tun will, sondern tun muss, um zu überleben. Kein Geständnis wird wahrer, wenn es durch Folter erpresst wird.

Wie funktioniert die Rückkehr ins Paradies, welche die biblische Erzählung keineswegs ausschließt? Sie funktioniert, indem wir die paradiesischen Zustände gedanklich fassen, die wir uns materiell längst geschaffen haben. Hier und heute! Natur und Technik schenken uns Licht, Wärme, Elektrizität, Energie. Sie erledigen für uns Aufgaben, die wir nur dann richtig würdigen, wenn wir andere Aufgaben ergreifen, für die uns die Leistungen von Natur und Technik freistellen.[20]

Im neuen Paradies auf Erden gilt nicht die Drohung, sondern die Einladung: Jeder ist eingeladen, vom Baum der Erkenntnis so viel wie möglich zu essen. Seine Früchte werden nicht weniger, sondern zahlreicher, je mehr man erntet. Das ist der neue Garten Eden. Der Schleier wird gelüftet. Wer sich daran nicht beteiligt, bekommt Probleme. Mit sich selbst. Auf einer Postkarte von Joseph Beuys heißt es dazu: »Wer nicht denken will, fliegt raus (sich selbst).«[21]

Der russische Wirtschaftsnobelpreisträger Wassily Leontief formuliert das moderne Paradies-Paradoxon präzise: »Die Geschichte des technologischen Fortschritts der letzten 200 Jahre ist im Grunde die Geschichte der Menschheit, sich langsam und stetig einen Weg zurück ins Paradies zu bahnen. Was würde aber geschehen, wenn wir uns plötzlich dort wiederfänden? Alle Güter und Dienstleistungen wären ohne Arbeit zu haben, sodass niemand mehr beschäftigt würde. Arbeitslos sein hieße aber, keinen Lohn zu bekommen. Folglich würde jeder so lange im Paradies hungern, bis eine neue, den veränderten technologischen Bedingungen angepasste Einkommenspolitik formuliert würde.«[22] Leontief skizziert die himmlische Welt auf Erden, in der, wer kein Grundeinkommen erhält, Höllenqualen leidet.

Das bedingungslose Grundeinkommen billigt jedem zu, was er braucht, und lädt jeden ein, zu zeigen, was er kann. Es mangelt heute nicht an Produkten. Woran es mangelt, um im Überfluss nicht unterzugehen, sind Mut und Phantasie. Sie können nicht erzwungen, sondern nur ermöglicht werden.

Wer nicht arbeiten will, ist krank

»Wer nicht arbeiten will, soll auch nicht essen.« Dieses Paulus-Wort ist Bestandteil unseres Gesellschaftsvertrags. Wer ihn durch Arbeitsverweigerung aufkündigt, der darf nicht darauf hoffen, durch die Gesellschaft alimentiert zu werden. Die staatlichen Sozialleistungen behält sie jenen vor, die sich trotz erwiesener Mühe oder aufgrund von Invalidität, Jugend oder Alter nicht, noch nicht oder nicht mehr erwerbstätig engagieren können. Faulheit, also das Nicht-arbeiten-Wollen, gilt als Verrat an dieser Übereinkunft.

Die Frage, die sich daran anschließt, lautet: Was sind die Gründe, dass jemand nicht arbeiten will? Der Unternehmer Götz W. Werner äußert sich dazu drastisch: »Wer nicht arbeiten will, ist krank.«[23]

Die landläufige Meinung lautet: Wer nicht arbeiten will, ist böse. Er widersetzt sich dem moralischen Anspruch, zu arbeiten. Doch egal, ob böse oder krank – einer liberalen Gesellschaft ist es nicht würdig, einem Menschen die Existenzgrundlage zu entziehen.

Die liberale Gesellschaft bemerkt inzwischen, dass sie mit ihrer anscheinend so beglückenden Erwerbsarbeitsmoral Arbeitsunwilligkeit hervorruft. Faulheit ist keine anthropologische Konstante, sondern eine gesunde Reaktion des Sinn-Immunsystems auf unsinnige, unwürdige und unnötige Tätigkeiten. Da wir uns von diesen Tätigkeiten heute immer mehr leisten, weil wir das Leisten als solches zum Primat erhoben haben, verstehen wir uns gar nicht mehr darauf, die Sinnhaftigkeit einer Tätigkeit selbst ins Auge zu fassen. Anders gesagt: Wer erkennt, dass nichts zu tun ist, der tut das Beste, wenn er es gut sein lässt!

Damit ist ein Satz vorbereitet, der die Diagnose Götz W. Werners komplementiert: Wer sinnlos arbeitet, ist krank. Arbeitswilligkeit als hohler Trieb, als abgerichtete Existenzform, ist krankhaft. Arbeit ist zu tun, wird getan und erfüllt den Tätigen, wenn sie sinnvoll ist. Falscher Arbeitseifer verschlimmbessert die Welt.

Im Erreichen des Ziels verlieren wir oftmals das Ziel aus den Augen. Dieses Phänomen deckt die Philosophin Hannah Arendt in ihrem Hauptwerk *Vita activa* auf: Die Arbeitsgesellschaft, so Arendt, kämpfe um ihr Überleben, das längst ohne sie gesichert sei. Sie habe im Laufe der Jahre vergessen, dass sie nicht für die Arbeit, sondern für die Muße arbeite, und ausgerechnet jetzt, da der *homo faber* nicht mehr von früh bis spät schuften müsste, verstehe er sich auf nichts anderes mehr. Sein Ziel sei ihm unverständlich, ja er selbst sei sich unverständlich geworden, da ihm als *animal laborans* die Arbeit allmählich zum einzigen Ziel verkommen sei. »Was uns bevorsteht, ist die Aussicht auf eine Arbeitsgesellschaft, der die Arbeit ausgegangen ist, also die einzige Tätigkeit, auf die sie sich noch versteht. Was könnte verhängnisvoller sein?«[24]

Anstatt für Muße und Freiheit arbeiten wir uns zu Tode. Wir sind nicht fleißig bis zum Überfluss, sondern bis zum Überdruss. Das ist unnötig, wenn es der Arbeitsgesellschaft gelingt, ein Grundübereinkommen zu finden, das nicht in der Idealisierung der Erwerbsarbeit, sondern in der Realisierung von Freiheitsmöglichkeiten besteht, die nur darauf warten, wirklich zu werden.

Maschinen funktionieren, Menschen agieren

Wer eine Aufgabe sieht, die zu tun ist, der tut gut daran, sie zu tun. Arbeit ist nicht dafür da, gesichert, sondern erledigt zu werden. Möglichst effizient. Möglichst intelligent. Das gilt für alle Tätigkeiten, die der Mensch so lange ausführt, bis er eine Maschine entwickelt hat, die noch effizienter als er selbst die Aufgabe erledigt. Drecksarbeit ist die Arbeit, die ein Mensch tun muss, obwohl sie längst eine Maschine tun könnte. Dass man ihn arbeiten lässt, obwohl es für ihn nichts mehr zu tun gibt, macht die Arbeit dreckig. Sinnvolle Tätigkeit ist niemals Drecksarbeit.

Neben den mechanistischen und monotonen Tätigkeiten, die in Zukunft immer mehr Maschinen übernehmen werden, gibt es Tätigkeiten, die vor allem menschliche Zuneigung verlangen. Beethovens neunte Symphonie lässt sich ebenso wenig effizient spielen, wie Kinder in der Schule sich nicht effizient unterrichten oder die Großeltern sich nicht effizient pflegen lassen. Es geht ja nicht darum, möglichst viele Noten in kurzer Zeit, möglichst viele Kinder mit wenig Zuneigung und den Großeltern mit geringstmöglicher Aufmerksamkeit zu begegnen – sondern es geht hier darum, aus der Begegnung selbst hervorgehen zu lassen, was gefordert ist. Für die Musik. Für die Kinder. Für die Großeltern.

Maschinen funktionieren, Menschen agieren. Dienst nach Vorschrift bedarf Befehle, Denken bedarf Muße – und mit ihm die Einrichtungen des forschenden Menschen: Kindergärten, Schulen, Hochschulen. Nicht der fleißige Denker kommt auf neue Ideen. Erst wenn ich freie Sicht habe und meine Gedanken müßig schweifen lassen kann, können mir neue Ideen kommen. Das Fallgesetz entdeckt nicht, wer auf der Leiter steht und fleißig pflückt, sondern wer beobachtet, wie ein Apfel nicht weit vom Stamm und einer gewissen Regel gemäß nach unten fällt. Das Automobil wurde nicht bei der Suche nach tauglicheren Pferden erfunden. Es brauchte gedankliche Mobilität, eine neue Fragestellung, eine gute Idee.

Gute Ideen konnte man sich noch nie leisten. Sie sind immer zu früh, immer zu teuer, immer zu gefährlich, immer unmöglich. Wenn sie schließlich da sind, braucht es keine Erklärung mehr.

Microsoft-Gründer Bill Gates, Amazon-Gründer Jeff Bezos, Wikipedia-Gründer Jimmy Wales, Facebook-Gründer Mark Zuckerberg oder die Google-Gründer Larry Page und Sergey Brin: Sie alle besuchten eine Montessori-Schule.[25] Sie alle haben die

Welt verändert, weil sie später in Ruhe an dem gebastelt haben, was sie für zukünftig hielten. Heute halten wir Microsoft, Amazon, Wikipedia, Facebook und Google für selbstverständlich. Nicht jedoch den Weg, wie sie entstanden sind: nicht aus purer Plackerei, sondern aus Muße – aus freier Zeit und freiem Willen.

Das bedingungslose Grundeinkommen unterbindet, dass wir das Erfinden arbeitssparender Maschinen bremsen, nur weil eine Aufgabe einen Arbeitsplatz garantiert, der Einkommen generiert. Das Grundeinkommen ermöglicht, dass Maschinen alles erledigen können, was sie beherrschen. Und es ermöglicht uns jene Muße, welche für die menschliche Begegnung einzig das Maß sein kann.

Das Grundeinkommen führt weder zu einer Fleiß- noch zu einer Faulheitsdiktatur. Während beide heute gegeneinander ausgespielt werden, indem wir Fleiß fordern, jedoch Faulheit fördern – durch das Unterlassen effizienterer Produktion –, so ermöglicht das Grundeinkommen jene Muße, die dem Fleiß erst den Boden bereitet.

Ohne Fleiß kein Preis? Der Preis des Grundeinkommens ist, dass nur gelingen kann, was wirklich gewollt wird. Es schafft Raum für die eigene Willensbildung – weil es den von außen gesetzten Anforderungen die Macht nimmt, in Widerspruch zu der eigenen Tätigkeit zu geraten. Mit dem Grundeinkommen wird Wollen nicht einfacher, aber Nicht-Wollen sichtbarer.

Heute leisten wir uns, Nicht-Wollen in erheblichem Maße zu fördern. Das hört mit dem bedingungslosen Grundeinkommen auf. Nicht-Wollen fliegt auf. Diese Enttarnung bringt Ehrlichkeit. Und sie verspricht Verbindlichkeit: Wenn ich tue, was ich will, bin ich so verbindlich, wie ich es sonst niemals sein kann.

Ich bin fleißig, du bist faul

Ein Satz, der unzählige Missverständnisse und Vorurteile, Behauptungen und Unterstellungen verdichtet, lautet: Ich bin fleißig, du bist faul.

Auf den ersten Blick scheint der Satz harmlos. Na klar: Ich bin fleißig. Ich bemühe mich. Ich bringe mich ein. Und die anderen? Vielleicht sind sie auch ein bisschen fleißig, wenn sie dazu gezwungen werden – aber generell eher weniger! Na klar: Ohne Fleiß kein Preis, ohne Anstrengung kein Erfolg, ohne Arbeit kein Wohlstand – Faulheit, Trägheit, Lustlosigkeit führen uns noch ins Verderben! Na klar: Wer fleißig ist, sorgt für sich selber, kommt für sich selber auf, steht für sich selber ein – während der Faulpelz auf Kosten anderer lebt. Er verschaukelt sein Leben dank ihrer Tatkraft in der sozialen Hängematte.

So weit, so voreilig. Denn wie ist es tatsächlich um Fleiß und Faulheit bestellt? Und um das Verhältnis von Ich und Du? Und um die menschliche Arbeit, deren Grenzbegriffe Fleiß (als Arbeitseifer) und Faulheit (als Arbeitsverweigerung) darstellen? Welchen Preis verspricht die Faulheit? Welche Tragik wohnt dem Fleiß inne? Welche Aufgabe bestimmt die Arbeit? Und nicht zuletzt: Was heißt es für uns, wie wir voneinander denken?

Blicken wir zuerst auf den Fleiß: Das germanische Wort bezeichnet ursprünglich Kampfgeist und Streitlust, ehe es als arbeitsame und gehorsame Zielstrebigkeit zur bürgerlichen Tugend wird. In der griechischen Antike ist Fleiß dagegen verpönt. Dafür gibt es Sklaven. Nur den Müßigen erreichen die Musen, nur aus der Muße gelingt Politik. Das scheint heute umgekehrt zu sein: Wer nicht fleißig ist, verdient nichts. Ohne Fleiß kein Preis. Anstatt auf Musen oder Götter verlässt sich der Fleißige auf sich selbst oder seinen Vorgesetzten.

Wer sich in einer arbeitsteiligen Gesellschaft auf sich selbst verlassen will, ist von allen guten Geistern verlassen. Niemand arbeitet mehr für sich selbst – der Fleißigste am wenigsten! Längst arbeiten wir alle für andere, füreinander. Die Wirklichkeit der Arbeitsteilung besteht darin, dass ich von anderen empfange und für andere gebe. Ob diese Gabe am besten gelingt, wenn ich fleißig bin, ist fraglich. Denn wer fleißig ist, wird zur Maschine. Er automatisiert sich selbst. Der automatisierte Mensch ist weder effektiv noch innovativ. Fleißige Maschinen – strukturell gesehen die Sklaven der Neuzeit – erfindet nicht der Fleißige, sondern der Müßige. Das ist das Gesetz der Innovation: Ohne Muße kein Fleiß – dank Muße der Preis.

Und die Faulheit? Meint man damit die Trägheit des Herzens, so verkörpert sie eine der sieben christlichen Todsünden: *acedia.* Sie hat mit Besinnung und Vertiefung, Andacht und Achtsamkeit, Muße und Kontemplation nichts zu tun. Im Gegenteil: Der faule Sünder verzichtet auf ein Leben in Gott – später: auf ein Arbeitsleben. Den Frevel, den er damals an Gott begangen hat, begeht der Faule heute an seinen Mitmenschen, da er nur deshalb von ihnen leben kann, weil sie anders sind als er: nämlich fleißig.

Andererseits: Jede Frucht muss faulen, ehe sie mithilfe ihres Keimes wieder neu reifen kann. Die Faulheit, die das Neue vorbereitet, steht anders als jene, die sich den eigenen Idealen und den Ansprüchen der anderen verweigert, im Dienst der Zukunft. Sie ist nicht Sünde, sondern einer der Gründe, dass das Neue in die Welt kommt.

Ich bin fleißig, du bist faul. Dieser Satz offenbart, dass bei fleißigen Denkern etwas faul ist. Denn wir nehmen den Fleiß für uns und die Faulheit für die anderen in Anspruch. Wir kultivieren ein gespaltenes Menschenbild: ein Untermenschenbild von den anderen und ein Übermenschenbild von uns selbst. Das Grundeinkommen fordert mich dazu auf, mein Bild von mir selbst und von den anderen zu überdenken. Denn solange ich über die anderen so denke, als wären sie Zoobewohner, werde ich sie für Faultiere halten, die ordentlich motiviert werden müssen. Gelingt es mir jedoch, die anderen als andere Menschen anzusehen, ist ein Zusammenleben möglich, das auf die Kraft des Mutes und der Muße jenseits von Fleiß und Faulheit setzt. Es geht nicht darum, dass ich plötzlich mich selbst für faul und alle anderen für fleißig halte, sondern darum, freie Sicht auf mich und die anderen zu gewinnen. Dieser freie Blick ist der Blick in die Zukunft.

Arbeitslooser und Freizeitweltmeister

Eine erfolgreiche amerikanische Fastfood-Kette heißt *TGI Friday's*. TGIF ist die geläufige Kurzform für »Thank God it's Friday«. Was bedeutet es, dass wir uns derart auf den Freitag freuen? Wovon oder wofür wollen wir frei sein?

Wer acht Stunden etwas tut, was er nicht will, der ist danach – und wahrscheinlich auch schon währenddessen – ziemlich erschöpft. Er sehnt sich ab Montagmittag nach Freitagabend. Feierabend, Wochenende, Ferien: Das sind die Highlights, wenn man sich mit seiner Arbeit nicht richtig verbinden kann.

Arbeite ich noch oder lebe ich schon? Wer acht Stunden arbeitet – *nine to five* –, ohne begeistert zu sein, der arbeitet für das Leben jenseits des Arbeitslebens. Die Arbeit ist mehr oder weniger Nebensache. Hauptsache ist das Hobby. Vollbeschäftigung herrscht in der Freizeit. Zur Hauptsache wird die Erholung von der Arbeit inklusive Wellness, Jogging, Shopping und Party. Dass wir dabei immer mehr gestresst sind, ist logisch. Was folgt daraus? Die Erholung von der Erholung. Der Arbeitsplatz wird zum Schlafplatz.

Wir leben in einer Arbeitsgesellschaft, die ihre Erfüllung als Freizeitgesellschaft findet. Schon fast zwanghaft gehen wir unseren Freizeitbeschäftigungen nach. Freizeitangebote schießen aus dem Boden wie Pilze nach einem warmen Herbstregen. Und was machen wir so wahnsinnig gestresst am Arbeitsplatz? Die Freizeit planen und buchen. Die EasyJet-Gesellschaft verpufft ihre Energien RedBull trinkend auf dem Wochenendtrip nach Berlin oder Barcelona. Das verleiht Flügel. Kurzfristig. Doch es hilft nichts: Am Ende langweilen wir uns wieder. Wir sind Arbeitslooser und Freizeitweltmeister.

Anstatt Perspektiven aufzubauen, verblöden wir in Freizeitparks und Shoppingcentern. Warum? Weil wir in der Arbeit nicht genügend gefordert sind – nicht in dem Sinne, dass man auf uns zählt und dass wichtig ist, was wir tun.

Montag steht für Kater. Dienstag für Dienst nach Vorschrift. Mittwoch für Evaluationsgespräche. Donnerstag muss man überstehen – und dann ist das Ziel beinahe erreicht: Freitag. Samstag ist der Tag nach Freitag und Sonntag Trauertag. Der Montag naht.

Das andere Phänomen sieht folgendermaßen aus: Die beste Zeit genießen wir während der Arbeitszeit. Endlich Montag. Da dürfen wir wieder an unseren Arbeitsplatz. Da haben wir Freiraum. In der Freizeit fühlen wir uns oft bedrängt, etwas tun zu müssen, sportlich zu sein, Spaß zu haben. In der Freizeit und vor allem am Wochenende sind wir den familiären Erwartungen und den Ansprüchen von Freunden ausgesetzt. Alle wollen etwas von uns. Wir können uns nirgends verstecken. Unter der Woche können wir wunderbar im Büro untertauchen.

Beide Phänomene eint, dass Arbeit nicht das ist, was wir mit Freude tun. Zuerst ist sie Zwang, zuletzt Flucht. Warum arbeiten wir ungern? Weil wir gelernt haben, dass man arbeiten muss! Was man muss, macht man nicht gern. Es ist also ziemlich unklug, das Müssen aufrechtzuerhalten.

Wir haben die Freiwilligkeit in die Freizeit outgesourct. Und da wir uns in der Freizeit frei fühlen müssen, stresst uns das. Die Freiwilligkeit verfliegt durch die Erwartung der Freiheit. Die Arbeit wiederum fühlt sich unfrei an, weil wir denken, dass die anderen denken, dass wir arbeiten müssen.

Die Folge: Die Hängematten hängen in den Büros, nicht im Ferienhaus. Und im Ferienhaus stehen die Schreibtische. Was heißt das? Das heißt, dass wir immer unglücklich sind bei dem, was wir tun, solange wir das, was wir tun, nicht wirklich wollen.

Was motiviert?

Wenn jemand eine gute Idee hat, kann mich das motivieren, tätig zu werden. Am besten gelingt das, wenn ich mir die Idee zu eigen machen kann. Damit ist die Idee dem anderen ja nicht entzogen, sondern geteilt. Mitgeteilt. Die Idee wird durch den Teilungsvorgang nicht weniger, sondern vermehrt sich.

Wenn ich die Idee eines anderen umsetzen soll, sie aber nicht zu meiner eigenen Idee machen kann, dann bin ich nicht begeistert. Ich motiviere mich dann anders. Mit Geld zum Beispiel. Oder ich sage mir: Egal, die Arbeit finde ich nicht wichtig, aber ich lerne dabei interessante Menschen kennen. Oder aber: Die Arbeit finde ich uninteressant, aber den einen Mitarbeiter finde ich attraktiv. Wenn man etwas eigentlich nicht will, muss man sich mit etwas anderem motivieren. In Sachen Motivation kommt der Unterschied zwischen Sollen und Wollen unmittelbar zum Ausdruck: Wollen motiviert. Sollen lähmt.

Wie ist es mit den Anreizen? Dazu gibt es unzählige Studien. Eine prägnante Zusammenfassung dessen, was uns wirklich motiviert, liefert der amerikanische Bestseller-Autor Daniel H. Pink in seinem Buch *Drive*: Bei mechanistischen Tätigkeiten, die keine oder nur wenig menschliche Intelligenz erfordern, funktionieren monetäre Anreize recht gut. Sobald aber das Denken gefordert ist, führen monetäre Anreize zu einer schlechteren Performance. Menschen lassen sich mit Geld nicht zu einer besseren Leistung motivieren. Sogar das Gegenteil ist dann der Fall. Sobald der Mensch als Mensch ins Spiel kommt, zählen nichtmonetäre Werte. Wer da mit Geld locken will, lockt die Unlust und verhindert Innovationen.[26]

Die größten Motivationskiller sind laut Pink mangelnde Wertschätzung, Bevormundung, Belohnung und Bestrafung, mangelnde Information, Intransparenz, ungerechte Behandlung, Kontrolle und Aufsicht, Chefs und Vorgesetzte, die kein Vertrauen haben, falsches Lob, ungerechtfertigte Kritik, Misserfolg, fehlende Anerkennung. Motivation fördern dagegen Wertschätzung, Respekt, Transparenz, Vertrauen, Selbstverantwortung, Anerkennung, Neugierde und alle Spielarten anstachelnder Herausforderung. Warum schauen wohl so viele Menschen Krimis? Warum werden täglich Millionen von Kreuzworträtseln und Sudokus ausgefüllt? Es motiviert, etwas herauszufinden, sich etwas vorzunehmen, jemandem zu helfen, jemanden überraschen zu können. Wer derart dabei ist, ist mit Freude dabei.

Jedes Jahr an einem bestimmten Tag gehen Schüler in Israel von Haus zu Haus und sammeln Spenden für wohltätige Zwecke. Die amerikanischen Verhaltensökonomen Uri Gneezy und *gutes Beispiel*

Aldo Rustichini ließen an einem dieser Tage drei Gruppen von Schülern losziehen: Gruppen, denen man nur sagte, wie wichtig ihre Arbeit für die Gesellschaft sei; Gruppen, denen zusätzlich eine Kompensation von einem Prozent der gespendeten Summe versprochen wurde; und Gruppen, die zusätzlich zehn Prozent der eingesammelten Spendensumme erhalten sollten. Die Gruppen, denen die höchste Kompensation zugesagt wurde, hatten am Ende des Tages deutlich mehr Spenden gesammelt als jene Gruppen, denen nur ein Prozent versprochen wurde. Am erfolgreichsten waren jedoch die Gruppen, denen keine Kompensation in Aussicht gestellt wurde.[27]

Nicht nur diese Studie zeigt, dass die eigene, innere Motivation oftmals durch äußere Anreize verdrängt wird. Neben diesem sogenannten Verdrängungseffekt förderten Gneezy und Rustichini noch eine weitere Erkenntnis zutage. Sie fragten die Teilnehmer ihres Experiments, wie diese andere Menschen zum Geldsammeln anreizen würden: keine, ein oder zehn Prozent Kompensation. Fast alle votierten für eine Kompensation von einem Prozent – also genau für den Wert, der nachweislich am schlechtesten motivierte. Das ist das Dilemma: Bei der Frage, was andere motiviert, nehmen wir fast immer an, was für uns selbst – und auch für andere – gar nicht zutrifft.

Konkurrenz der Konkurrenzen

Konkurrenz im Bereich des Notwendigen und Existenziellen ist fehl am Platz. Konkurrenz im Bereich von Ideen, Projekten und Produkten ist genau das Richtige. Welches ist die bessere Idee? Was ist schöner? Was ist sinnvoller? Konkurrenz der Ideen belebt das Geschäft, Konkurrenz der Existenzen gefährdet es.

Das bedingungslose Grundeinkommen belebt die Ideenkonkurrenz. Mit einer gesicherten Ausgangslage, die nicht gefährdet ist – auch nicht durch den größten Konkurrenten –, können sich Konkurrenz und Wettbewerb freier entfalten. Wenn ich dadurch, dass ich konkurriere, andere in Existenznot bringe, bin ich in meinem Handeln gehemmt. Wenn ich sicher bin, dass mein Konkurrent abgesichert ist, kann ich besser konkurrieren. Dann bin ich freier für den Wettbewerb. Ich will mich ja mit allem, was ich habe, bewerben, allerdings nicht derart, dass dabei jemand anderes zu Schaden kommt. Das Grundeinkommen ermöglicht faire Konkurrenz.

Das Grundeinkommen braucht es, damit wir unternehmerisch loslegen können, ohne dabei Existenzen zu gefährden. Wobei damit nicht das neoliberale Ellenbogenwettstoßen von heute gemeint ist. Es heißt nicht, dass wir uns mit einem Grundeinkommen um niemanden mehr kümmern sollen, sondern dass wir den Wettbewerb nicht mehr gegen die Existenzsicherung und die Existenzsicherung nicht mehr gegen den Wettbewerb ausspielen.

Das Grundeinkommen bildet die Basis, um jeden ernst nehmen zu können, anstatt immer pfleglich um den heißen Brei herumzureden, wenn es um Projekte und Ziele geht, die häufig durch Einkommensbedürfnisse korrumpiert werden. Heute muss man sich immer wieder zurücknehmen und aufpassen, dass man niemanden existenziell in Bedrängnis bringt, wenn man für blanken Unsinn hält, was er tut. Ich kann niemanden wirklich zur Verantwortung ziehen, wenn ich weiß, dass er abhängig ist und sein Einkommen benötigt, um seine Familie versorgen zu können.

Das bedingungslose Grundeinkommen ermöglicht, dass Begeisterung und Kritik sich äußern können, ohne dass dabei sofort die Einkommensfrage im Spiel ist. Wenn der andere sein

Grundeinkommen gesichert hat, kann ich ihn in der Sache begeistern, herausfordern und provozieren. Wie oft ist es heute so, dass gute Ideen da sind, dass man mit der Arbeit beginnen will – und die Einkommensfrage dazwischenfunkt. Das bedingungslose Grundeinkommen ermöglicht, dass nicht mehr die Einkommensfrage dazwischenfunkt, wenn es zwischen Menschen funkt.

Die Ideenkonkurrenz, die dieser neue Gesellschaftsvertrag etabliert, erweitert die Formen des Wettbewerbs. Eine feinere Form von Konkurrenz ist Kooperation. Ich arbeite mit anderen zusammen, die mich unterstützen und herausfordern. Konkurrenz um die Existenz ist fatal, weil sie die Existenz des anderen nicht als selbstverständlich voraussetzt. Wenn der andere, den ich ansprechen will, permanent im Existenzkampf steht, ist er als anderer nicht präsent. Doch nur mit Existenzen, die da sind, lässt sich rechnen, nur auf sie kann ich zählen. Das Grundeinkommen ermöglicht, jenseits der Einkommensfrage Konkurrent und zugleich Kooperationspartner zu sein.

Vom Druck, der zum Sog wird

Wenn etwas drückt, passt es nicht mehr. Es ruft zur Veränderung auf, dazu, dass wir uns ändern – oder dass wir das ändern, was drückt. Druck ist das Erlebnis, dass etwas nicht mehr so bleiben kann, wie es ist. Das ist grundsätzlich nicht schlimm. Schlimm ist, wie mancher Druck wirkt. Nämlich so, dass er uns gerade jene Möglichkeiten verschließt, die wir eigentlich aufzusuchen hätten. Dieser Druck verkehrt sich in Zwang. Und Zwang lähmt. Er befreit nicht. Er verändert nicht. Er verfestigt und versteift.

Der Druck, der entsteht, wenn wir eine soziale Verbindlichkeit eingehen, kann ungeahnte Kräfte freisetzen. Ein Projekt, das vorzustellen ist, ein Manuskript, das abgegeben werden muss, sie können uns ebenso zu Höchstleistungen anspornen wie die in Kürze eintreffenden Gäste oder der demnächst anstehende Abstimmungskampf. Was diese Situationen vereint, ist die Freiheit, sich in ihnen zu befinden. Solange ich noch weiß, dass der Druck einer ist, den ich mir selbst gewählt habe, weil ich mich auf diese oder jene Weise erproben will, ist es möglich, dass er mich beflügelt. Verliere ich dieses Bewusstsein oder ist es für mich gar nicht vorhanden gewesen, etwa weil ich studiere, was meine Eltern wollen, oder ein Geschenk auftreiben muss, zu dem ich mich genötigt fühle, wirken auch diese Situationen bedrückend.

Unsere heutigen Vorstellungen von Druck gehen davon aus, dass es der Existenzdruck sei, der zu Höchstleistungen motiviere. Angesichts meiner prekären Existenz würde ich ja wohl alles versuchen, was dem drohenden Existenzverlust vorbeuge, so der Tenor. Wenn dieser Gedanke überhaupt stimmt, dann auf grausame Weise: Wer seine Existenz bedroht sieht, der wird vom Menschen zum Tier. Er wird als Mensch gebrochen, da es nicht mehr um sein Menschsein geht, sondern sein Dasein auf dem Spiel steht. Deshalb wirkt Existenzdruck hemmend auf Kreativität, Engagement, Innovation, Gesundheit, Sozialfähigkeit. Natürlich: Wer unter Druck steht, kann fleißig werden, er kann das Hamsterrad zum Laufen bringen – doch diese Arbeitssinnlosigkeit ist einer Gesellschaft, die in ihrem eigenen Überfluss unterzugehen droht, unangemessen.

Es gibt konstruktiven und destruktiven Druck. Existenzangst wirkt fast immer destruktiv. Druck wirkt meistens dann konstruktiv, wenn er zum Sog wird. Wenn er beflügelt. Wenn er wie

Luft unter den Flügeln wird, damit wir abheben können. Damit Initiative gelingt. Und damit wir das in der Welt zu ändern wagen, was uns am Herzen liegt.

Existenzdruck beflügelt nicht, sondern bedrückt. Er lastet auf mir. In der arbeitsteiligen Gesellschaft bin ich darauf angewiesen, dass andere beflügelt werden, damit sie so gut wie möglich für mich tätig sein können. Das Grundeinkommen ist dafür eine Initiativpauschale. Es sieht nicht in der Arbeitslosigkeit von heute ein Problem, sondern in der Einkommenslosigkeit von heute Existenzen bedroht und Initiativen gelähmt. Deshalb mindert das Grundeinkommen den Druck, der uns hemmt, und fördert den Druck, der uns beflügelt. Es geht darum, dass wir uns gegenseitig befeuern können – durch die Aufgaben, die wir füreinander haben, nicht durch die Auflagen, die wir einander vorschreiben.

Lust oder Frust? Über Unternehmertum

positiv
These

In der Grundeinkommensgesellschaft werden wir unabhängiger und eigeninitiativer tätig sein können. Das könnte ein Nachteil für Konzerne und Unternehmen sein, die von der Einkommensabhängigkeit ihrer Mitarbeiter profitieren. Im Niedriglohnbereich beispielsweise würde die Quote derjenigen Menschen, die ein Arbeitsangebot ablehnen, wahrscheinlich steigen. Entscheidend für die Unternehmen wird sein, in welchem Grad sich ihre Mitarbeiter mit der Aufgabe des Unternehmens sowie der Unternehmenskultur identifizieren können. Das Grundeinkommen stärkt die Mitarbeiter gegenüber den Unternehmen, die sie schlecht behandeln. Und es stärkt die Unternehmen in der Gewissheit, dass die Mitarbeiter der Sache wegen und aus eigenem Interesse arbeiten, nicht nur zwecks Einkommenserzielung. Unternehmen können flexibler sein, da sie niemanden mehr in die Einkommenslosigkeit entlassen. Und wir können flexibler sein, da wir nicht mehr aus Existenzangst an einem Arbeitsplatz kleben bleiben müssen, der uns nicht gefällt und nicht erfüllt.

Selbstständige und solche, die es werden wollen, erhalten mit dem Grundeinkommen ein Startkapital. Start-ups könnten aus dem Boden schießen. Wenn meine eigene Existenz abgesichert ist, kann ich mich viel besser mit alledem einbringen, was ich wirklich tun will. Viele Initiativen liegen heute wegen des Ringens um die eigene Existenz brach. Alle Organisationen, die zwar sinnvolle Aufgaben, aber zu wenig Geld haben, würden von der Einführung des Grundeinkommens profitieren.

Mit einem Grundeinkommen ist es nicht mehr möglich, zu sagen: »Ich würde zwar gerne, kann aber nicht.« Mit einem Grundeinkommen geht die Kraft in die Arbeit, dahin, wie etwas gehen könnte. Sie würde nicht mehr im Suchen der Gründe verpuffen, warum etwas nicht geht. Die Überzeugungskraft einer Idee würde in den Vordergrund treten und die Bestimmungsmacht des Geldes in den Hintergrund. Wenn jemand existenziell verunsichert ist, ist er mit Geld eher zu überzeugen als mit Ideen. Steht jemand auf einer finanziell souveränen Basis, kann er besser wahrnehmen und handeln. Wer nicht Nein sagen kann, kann auch weniger kräftig Ja sagen. Stellen wir uns vor, wie viel produktiver und effizienter wir wirtschaften könnten, wenn der Frustpegel abnimmt und der Lustpegel steigt. Wer etwas mit Freude macht, hat einen höheren Wirkungsgrad.

Freude stellt sich vor allem dann ein, wenn die eigene Arbeit selbstbestimmt ergriffen werden kann. Eine Studie der Zürcher

Ökonomen Matthias Benz und Bruno S. Frey zeigt, dass in der Schweiz die Selbstständigen durchschnittlich eine deutlich höhere Arbeitszufriedenheit angeben als Angestellte. Dies lässt sich auch in Deutschland oder den USA, aber auch in Japan oder Bangladesch beobachten. Der Befund gilt für alle 23 untersuchten Länder.[28]

Die Studie von Benz und Frey zeigt außerdem, dass die hohe Arbeitszufriedenheit der Selbstständigen maßgeblich auf zwei Faktoren zurückzuführen ist: ihre größere Autonomie sowie eine als interessanter empfundene Tätigkeit. Das wird nicht nur in den westlichen, individualistisch geprägten Gesellschaften geschätzt. Auch in Japan sind die Selbstständigen mit der Arbeit zufriedener als Angestellte – obwohl die Vorstellung weit verbreitet ist, dass sich die Menschen gerade in den angeblich kollektivistischen Gesellschaften Asiens in einer Organisation besonders gut aufgehoben fühlen. Unabhängigkeit und Freiheit der Selbstständigen erweisen sich jedoch auch dort als eine Quelle der Zufriedenheit. Das Grundeinkommen demokratisiert diese Quelle, indem es jedem ermöglicht, aus ihr zu schöpfen.

Faulheit I

Nichts steht dem bedingungslosen Grundeinkommen mehr im Weg als die Tatsache, dass Menschen von Natur aus faul sind. Wenn das notwendige monatliche Einkommen ohne Bedingungen aufs Konto kommt, schlägt die Faulheit Wurzeln, treibt Zweige und blüht auf. Die Früchte des Faulheitsbaumes aber sind giftig. Sie zerstören Solidarität und Moral. Die Wirtschaft bricht zusammen, und dann gibt es auch kein Grundeinkommen mehr.

Wir brauchen Widerstand, sonst entsteht ein Vakuum. Wir brauchen einen Anlass, einen Anreiz. Ohne Herausforderungen bleiben wir unter unseren Möglichkeiten. Deshalb machen wir Termine, setzen uns Ziele, treffen Abmachungen. Wir verpflichten uns. Das hat nichts mit Zwang oder Fremdbestimmung zu tun, sondern mit Verbindlichkeit und Verantwortung.

Die Befürworter des bedingungslosen Grundeinkommens weisen auf die angeblich fehlende Möglichkeit hin, Nein sagen zu können. Ja, aber gibt es denn heute irgendwas, zu dem wir nicht Nein sagen könnten, wenn wir keine Mühe scheuen und bereit sind, die Konsequenzen zu tragen? Freiheit heißt nicht, dass man etwas nicht muss. Freiheit ist anstrengend und entsteht nicht durch leistungsloses Einkommen. Wenn man Freiheit kaufen könnte, wäre sie nicht der Rede wert, sondern ein Konsumartikel wie Zahnpasta. Freiheit heißt, dass sie nicht jeder unbedingt hat. Freiheit ist die Frucht von Leistung. Freiheit kann man nicht erreichen, indem man einfach Geld vom Himmel regnen lässt.

Der Mensch ist ein komplexes Wesen. Dass er arbeiten muss, ist nicht unmenschlich. Durch die Arbeit entwickelt er sich. Unser Problem ist, dass Arbeit immer wieder verteufelt wird. Dabei erfüllt sie. Sie stiftet Sinn und integriert uns in die Gesellschaft. Das Grundeinkommen will unter dem Vorwand der Freiheit die Arbeit abschaffen. Stattdessen vernichtet es Menschen. Das Grundeinkommen nimmt ihnen den Widerstand, der das Leben erst lebenswert macht. Es verspricht ihnen bedingungslose Freiheit, die sie erschlaffen und profillos werden lässt.

Das bedingungslose Grundeinkommen gleicht einer schleichenden Entwaffnung des mündigen Bürgers. Es postuliert Freiheit und bewirkt Einsamkeit. Außerdem spaltet es die Menschen in freie und scheinfreie. Es will den Menschen einen Boden zur freien Entfaltung bereitstellen. Doch ein monatlicher Blanko-scheck fürs Nichtstun bewirkt genau das Gegenteil: Man kann zwar mit Geld Waren und Dienstleistungen kaufen, nicht aber die freie Entfaltung der Persönlichkeit. Freiheit heißt gerade nicht, dass einem die gebratenen Tauben in den Mund fliegen. Das bedingungslose Grundeinkommen ist besinnungslos. Wenn niemand mehr muss, kann gar keiner mehr. Das ist der Anfang vom Ende.

Faulheit II

Nichts steht dem bedingungslosen Grundeinkommen mehr im Weg als das Vorurteil, Menschen seien von Natur aus faul. Das sind sie nicht. Das Faulheitsvorurteil ist eine anthropologische Verschwörungstheorie. Menschen wollen selbstständig tätig sein. Sie wollen arbeiten, sich engagieren, jemandem helfen. Niemand will ohne guten Grund in der Hängematte liegen.

Warum werden Menschen faul? Warum werden Menschen tätig? Wenn wir etwas tun wollen, verfügen wir über die meiste Kraft. Gar nicht motivierend ist es, wenn wir etwas tun müssen, dessen Sinn sich uns verschließt. Sehr motivierend ist es, etwas für einen guten Zweck zu tun. Verfolgt das Unternehmen, in dem ich arbeite, Ziele, die ich unterstütze? Falls ja, bin ich zu vielem bereit. Wenn nicht, bedarf ich anderer Motivation. Das kann das Gehalt oder die Reputation sein. Die Motivation zur Arbeit liegt dann außerhalb der Arbeit.

Das bedingungslose Grundeinkommen schützt die Arbeit vor Fremdmotiven und uns selbst damit vor Faulheit. Der Paradigmenwechsel, den das bedingungslose Grundeinkommen einläutet, lautet: Erst das Einkommen, dann das Vergnügen.

Einkommen ist die Basis zur freien Motivbildung. Freie Motive machen die Arbeit zum Vergnügen. Fremdmotive sind nachhaltige Motivationskiller. Freiheit lässt sich weder kaufen noch verdienen. Sie lässt sich nur ermöglichen oder behindern. Es ist befreiend, darauf zu verzichten, anderen die Freiheit abzusprechen.

Arbeit sucht Einkommen. Ohne Einkommen keine Arbeit. Einkommen ist nicht die Frucht, für die wir arbeiten, sondern der Samen, aus dem heraus unsere Arbeit erwächst. Einkommen wächst nicht wie Äpfel am Baum. Einkommen versetzt uns in die Lage, Bäume zu pflanzen und Äpfel zu ernten. Das Motiv zur Arbeit liegt dann in der Arbeit selbst.

Wenn wir etwas tun müssen, was uns nicht nur nicht motiviert, sondern uns sogar widerstrebt, erwächst daraus eine Trotzhaltung. Was soll ich mich für etwas engagieren, das mir weder sinnvoll noch nützlich erscheint? Dauern solche faulen Verhältnisse an, werden wir faul. Faulheit ist eine Rebellion gegen real existierende Sinnlosigkeit.

Faulheit ist eine Krankheit. Sie tritt als gesundendes Fieber auf, wenn der Mensch dauerhaft das Falsche tut. Damit eröffnet sie die Möglichkeit, in Zukunft das Richtige zu tun. Das ist der Anfang vom Neuanfang.

Falsche Freunde: Scheinalternativen

Verführungen sind Ablenkungen. Ablenkungen vom Wesentlichen. Nicht produktive, sondern destruktive Irritationen. Die Techniken der Ablenkung sind vielfältig. Es können ein falsches Versprechen oder ein falsches Ziel sein, die uns zum Verhängnis werden. Wenn du diese oder jene Kennzahl erreichst, diese oder jene Messlatte überspringst, dann hast du es geschafft – während wir nicht bemerken, dass wir nicht nur die falsche Zahl erreichen oder die falsche Messlatte überspringen wollen, sondern dass es in diesem Fall eigentlich grundfalsch ist, überhaupt an eine Zahl oder eine Messlatte zu denken.

Eine besondere Form der Verführung sind Scheinalternativen. Sie spielen gegeneinander aus, was aufeinander angewiesen ist. Bei Scheinalternativen ist das Gegenteil ebenfalls falsch. Sie sind grundfalsch. Falscher als falsch. Das Gegenteil macht sie nicht richtig. Sie sind falsche Freunde. Sie lassen uns im Glauben an das Richtige das Richtige nur umso mehr verfehlen. »Geld ist ganz und gar unwichtig«, sagen die einen – und lügen sich dabei in die volle Westentasche. »Geld ist das Einzige, was zählt«, sagen die anderen – und machen es nicht besser, bloß weil es ihnen fehlt. Weder dem Geld noch sich selbst wird gerecht, wer es verklärt oder verachtet.

Vor Scheinalternativen rettet sich, wer sie auffliegen lässt – sodass etwas Drittes sichtbar wird, durch das wir sichtbar werden.

»Der Mensch lebt nicht vom Brot allein«, heißt es im Matthäus-Evangelium.[29] Das heißt nicht: Der Mensch lebt nicht vom Brot (Scheinalternative 1). Es heißt auch nicht: Der Mensch lebt nur vom Brot (Scheinalternative 2). Es heißt, dass der Mensch nicht vom Brot allein lebt – also dass er sowohl vom Brot als auch von jenem Wort lebt, »das aus dem Mund Gottes geht«.

Wer meint, ein Grundeinkommen brauche es nicht, da Geld ja nicht das Wichtigste im Leben sei (Scheinalternative 1), ist ebenso auf dem Holzweg wie jener, der meint, mit dem Grundeinkommen sei nun endlich alles erreicht – nämlich mehr Geld auf dem Konto (Scheinalternative 2). Nein: Das bedingungslose Grundeinkommen ist der Grund, über es hinauszukommen – und um das zu können, braucht es das Grundeinkommen. Sein

Grund ist, dass etwas anderes der Grund werden kann, warum es da ist – nämlich der Mensch, für den es da ist.

Welchen Scheinalternativen gehen wir heute auf den Leim? Vor allem der Arbeitsbegriff ist davon betroffen: Wir halten Arbeit für das Wichtigste und bedrohen jeden, der nicht so tut, als würde er sie haben oder suchen wollen (Scheinalternative 1), denken von ihr jedoch zugleich am schlechtesten – nämlich so, dass Arbeitszeit die Zeit ist, in der man tut, was man nicht will, um hinterher das tun zu können, was man eigentlich will (Scheinalternative 2).

Das bedingungslose Grundeinkommen lässt uns die Arbeit ergreifen, die wir für sinnvoll erachten, und die Arbeit erledigen, die zu tun ist. Es disqualifiziert Arbeitszeit nicht als minderwertige Lebenszeit – und es fetischisiert die Arbeit nicht zur einzigen Anerkennungsform des Menschen. Das Grundeinkommen befreit die Arbeit – damit wir sie frei ergreifen können. Es lässt die Scheinalternativen auffliegen, die das verhindern.

Von der Führung zur Selbstführung

Wer sich mit dem, was er tut, nicht identifizieren kann, läuft Gefahr, sich mit der Faulheit zu infizieren. Würden also die Faulen mit einem bedingungslosen Grundeinkommen noch fauler? Nein. Sie wären erst mal ernüchtert. Das Grundeinkommen bedeutet, dass man nicht mehr muss, was man nicht will. Ist Faulheit also heilbar? Ja. Und wie? Indem man etwas tut, was man will.

Das bedingungslose Grundeinkommen ist eine Disziplin der Selbstbestimmung. Kinder beherrschen diese Disziplin auf natürliche Weise. Sie würden nie etwas nicht tun, was sie wollen. Und auch den Umkehrschluss beherrschen Kinder: Sie würden nie etwas tun, was sie nicht wollen. Je älter Kinder werden, desto mehr wird ihnen diese Selbstdisziplin abgewöhnt. Sie werden diszipliniert. Fremddiszipliniert.

Warum eigentlich? Wegen der Besserwisser. Wegen Menschen, die meinen, besser zu wissen, was für andere gut ist. Wegen der Führer. Doch die einzige in Zukunft legitime Führung ist die Führung zur Selbstführung. Der Kulturwissenschaftler Karl-Martin Dietz schreibt dazu: »In unserer Zeit der Individualisierung ist der Einzelne in einem früher nicht gekannten Ausmaß für seine Handlungsweisen verantwortlich. Er kann sich immer weniger auf tragfähige Traditionen stützen und muss sein Leben selbst gestalten. Das erfordert den Willen und die Fähigkeiten zur Selbstführung und stellt neue Anforderungen an die Zusammenarbeit von derartig ›individualisierten‹ Menschen.«[30]

Wer nicht lernt, sich selbst zu führen, steht in Zukunft auf verlorenem Posten. Und Menschen auf verlorenem Posten brauchen dann tatsächlich Führung. Weil sie sich nicht mehr selbst führen können. Wer aber geführt wird, bestimmt nicht die Richtung. Er wird abgerichtet.

Mit einem bedingungslosen Grundeinkommen werden die Selbstverwahrlosten nicht aufgegeben. Vielmehr wird aufgegeben, sie zu erziehen und umzuerziehen. Es wird aufgegeben, sie zu etwas anderem zu machen, als sie selbst aus sich machen wollen. Sie werden heute abgestempelt, weil sie nicht tun, was wir wollen. Deshalb kümmern wir uns um sie. Nicht weil wir sie mögen, sondern weil sie uns nicht folgen.

Jemanden als hilfsbedürftig zu bezeichnen und zu behandeln, ist die vielversprechendste Art, ihn von dem, was er will, abzuhalten. Die Logik dahinter: Wer meine Hilfe braucht, der muss tun, was ich will. Ich muss ihm nur zeigen, dass er nichts kann, bis er glaubt, dass er nichts kann. Dann kann ich ihm helfen. Dann ist er willig, dass ich ihm helfe.

Die effizienteste Methode, Menschen hilflos zu machen, spricht ihnen ihre Fähigkeiten ab und führt sie danach an der kurzen Leine. Wer an der kurzen Leine gehalten und immer wieder brav belohnt wird, ist am besten zu führen und zu formen. Je abhängiger jemand wird, desto weniger bestimmt er sich selbst. Die abhängigste Abhängigkeit ist die von der Existenzsicherung. Menschen mit Existenzangst sind am einfachsten manipulierbar. Wir kennen das aus der Folterpraxis. Menschen ihre Selbstdisziplin abzusprechen, ist feine Folter.

Du musst arbeiten, sonst stirbst du, raunen wir heute den Arbeitsunwilligen und -unfähigen ins Ohr. Das ist falsch. Richtig ist: Du musst arbeiten, sonst sterben deine Mitmenschen. Wer das versteht, der sorgt sich um das Wohl der anderen, von denen allein sein Wohl abhängt.

Die Befreiung der Arbeit

Das bedingungslose Grundeinkommen verbindet das Soziale mit dem Liberalen. Es ist liberal, weil es bedingungslos ist, und sozial, weil es für alle ist. Es macht das Liberale sozial (das Gegenteil von neoliberal) und das Soziale liberal (das Gegenteil von sozialistisch).

Seit jeher wird um diese beiden Ideale gestritten: Freiheit oder Gerechtigkeit? Die Linken streiten mit den Rechten, die Arbeitnehmer mit den Arbeitgebern. Es ist ein scheinbar unüberwindbarer Antagonismus, der unsere politischen und wirtschaftlichen Verhältnisse zementiert. Doch das Grundeinkommen löst ihn auf. Nicht als Partei der neuen Mitte, sondern als

Idee, die weg von den parteiischen Parteien, hin zum einzelnen Menschen führt.

Arbeit ist Sache des Menschen. Aber auf der Arbeit lastet ein Fluch. Während des Zweiten Weltkriegs wurde über dem Eingangstor des Konzentrationslagers Auschwitz ein Schild mit der Inschrift montiert: »Arbeit macht frei«. Arbeit und Freiheit wurden als Chiffren für Zwang und Vernichtung missbraucht. »Arbeit macht frei« stand auf dem Schild, »Vernichtung durch Arbeit« dahinter.[31]

Unzählige Menschen mussten sich in den Konzentrationslagern ihr eigenes Grab schaufeln. Millionen starben. Ihrer gilt es ebenso zu gedenken, wie es sich des Zynismus zu vergewissern gilt, dass für das Unmenschlichste, was wir uns denken können, die Begriffe Arbeit und Freiheit verwendet wurden.

Der Blick in die Gegenwart zeigt, dass zwar die Todeslager inzwischen geschlossen sind, der Missbrauch des Arbeitsbegriffs aber weiterhin andauert. So gilt es, den Arbeitsbegriff zu befreien, der noch immer Menschen gefangen nimmt. Das Grundeinkommen organisiert die Befreiung der Arbeit. Arbeit ist nicht länger Zwang, Frondienst, Drecksarbeit. Arbeit ist das, was ich tun will. Arbeit ist das Gebiet, auf dem ich mich entwickeln will. Arbeit ist das, was mir Kraft und Sinn gibt. In der Arbeit erlebe ich mich als ganzer Mensch.

Arbeiten ist menschlich. Menschen verarbeiten teuflisch. Wer nicht arbeiten will, bei dem stimmt etwas nicht. In einer Gesellschaft, in der man arbeiten muss, stimmt allerdings auch etwas nicht. Arbeit macht frei, wenn Freiheit die Bedingung der Arbeit ist. Die Bedingung der Freiheit der Arbeit realisiert das bedingungslose Grundeinkommen.

Wer dagegen ist

Angriff auf die Menschenwürde

»Für mich ist es ein Angriff auf die Menschenwürde, wenn eine Person ein besinnungsloses bedingungsloses Grundeinkommen bekommt. Das widerspricht fundamental meinen gesellschaftlichen Wertvorstellungen. Eine Gesellschaft lebt davon, dass jeder weiß, dass er zuerst etwas beitragen muss. [...] Sich selbst ein Auskommen zu verschaffen, ist der Kern der Eigenverantwortung, der Kern eines freiheitlichen Lebens. [...] Das Grundeinkommen ist die Antithese von Freiheit. Es schafft eine Gesellschaft von Staatsabhängigen. Es ist eine planwirtschaftliche Methode, eine sozialistische Methode. [...] Es würde die Schweiz letztlich zerstören.«[32]

Roger Köppel
Journalist, Weltwoche

Kein Recht auf Einkommen

»Im liberalen Staat gibt es kein Recht auf Einkommen. Es gibt aber das Recht auf Freiheit, verstanden insbesondere auch als Freiheit von staatlichem Zwang. [...] Wer sich um den Wohlfahrtsstaat sorgt, sollte keine utopischen und freiheitsraubenden Ideen wie ein bedingungsloses Grundeinkommen vorbringen. Den Menschen sollte im Gegenteil mehr Freiheit zugestanden werden, sich eigenverantwortlich gegen Lebensrisiken abzusichern.«[33]

Michael Schoenenberger
Journalist, Neue Zürcher Zeitung

Motivationskiller für Jugendliche

»Ich möchte nicht, dass unsere Kinder oder Kindeskinder in eine Gesellschaft geboren werden, in der jede und jeder vom Staat zum lebenslänglichen Berufsrentner gemacht wird. Das Versprechen eines ständigen Staatsunterhalts würde zum Motivations- und Energiekiller für manche Jugendliche, nicht für alle, aber es wäre ein gesellschaftlicher Anreiz zu einer Null-Bock-Grundhaltung mit verpassten Lebenschancen.«[34]

Rudolf Strahm
Politiker, SP

Bevölkerung wird angefixt

»Das Instrument eines bedingungslosen Grundeinkommens [...] attackiert unser heutiges System im Zentrum, indem es die Eigenverantwortlichkeit *ad absurdum* führt und den Einzelnen an den Tropf des Staates hängt. [...] Fakt ist, dieses System ist widernatürlich. Der Staat sagt, hier haben sie genug Geld. Sie können arbeiten gehen, wenn sie wollen. Sie müssen aber nicht. Das führt zu einer trägen Gesellschaft und ist ein Anfixen einer ganzen Bevölkerung. [...] Der Mensch wird träge und faul, wenn man ihm alles hinstellt.«[35]

Philipp Müller
Politiker, FDP

Ausbeutung durch Faulpelze

»Wir alle können uns somit nicht mehr vor der Ausbeutung derjenigen schützen, die nicht selbst für sich sorgen wollen, selbst wenn sie es denn könnten. Ein bedingungsloses Grundeinkommen bedeutet nichts mehr und nichts weniger als: Freiheit für alle – Verantwortung für alle andern. Das kann nicht aufgehen. [...] Man kann es drehen und wenden, wie man will. Das bedingungslose Grundeinkommen ist eine Idee, die nicht nur an der Realität der Gesellschaft und des Menschen vorbeizielt, sondern auch an unseren Grundfesten rüttelt.«[36]

Katja Gentinetta
Beraterin, Gentinetta Scholten

Eltern machen nur noch Ferien

»Das Grundeinkommen wäre ein immenser, unglaublich teurer Staatseingriff. Er würde unweigerlich ins Abseits führen. [...] Das bedingungslose Grundeinkommen befreit – aber nur die, die nicht arbeiten wollen. Diejenigen, die noch arbeiten, werden von der Steuerlast erdrückt. [...] Eltern mit drei oder vier Kindern könnten – wenn jedes Familienmitglied ein Grundeinkommen erhält – tatsächlich permanent Ferien machen.«[37]

Reiner Eichenberger
Ökonom, Universität Freiburg

Viel zu teuer und für Reiche

»Ich bin gegen ein bedingungsloses Grundeinkommen, nicht nur, weil es viel zu teuer wäre, denn es müsste ja an jede Bürgerin und jeden Bürger bezahlt werden. Wenn ein junger Mann mit reichen Eltern keine Lust hat zu arbeiten, bekäme er dennoch ein bedingungsloses Grundeinkommen, um sich in jeder Hinsicht zu versorgen. Dafür müssen andere arbeiten, denen gegenüber er sich nicht solidarisch verhält.«[38]

Gregor Gysi
Politiker, Die Linke

Leistung wird verhöhnt

»Wieder wird der bekannte Gratis-Lunch aufgewärmt, den es in der Ökonomie nicht geben kann. [...] Mit der Grundsicherung lassen viele kleine Einkommensbezüger die Arbeit fahren, Immigranten, Berufseinsteiger, Teilzeitbeschäftigte, Alleinerziehende, mitverdienende Frauen. Die Erwerbsbeteiligung würde dramatisch sinken. [...] Heute bezieht über die Hälfte aller Haushalte in Westeuropa Teile ihres Einkommens vom Staat. [...] Die Zentralisierung der Gesellschaft ist weit fortgeschritten, das Grundeinkommen würde sie totalitär machen. [...] Die wenigen Leistungswilligen würden überstimmt. [...] Es steht wirklich nichts Überlegtes, nichts Ausgerechnetes, nichts Liberales, nichts Soziales dahinter.«[39]

Beat Kappeler
Journalist, Neue Zürcher Zeitung

Von Staatsbürgern zu Staatssklaven

»Die neue Volksinitiative ›Für ein bedingungsloses Grundeinkommen‹ verspricht uns allen ein schöneres Leben. Denn es ist weit angenehmer, tagsüber Kuchen zu verteilen und selber zu essen, statt um vier Uhr früh aufzustehen und Kuchen für andere zu backen. [...] Leider erweist sich die Befreiung in Wirklichkeit als Zuchthaus der staatlichen Stallfütterung. Als Kollektiv von Staatsrentnern. Aus Staatsbürgern würden Staatssklaven. Dummerweise müsste jemand das Umverteilungssystem bezahlen. Und zwar mittels Zwangsfinanzierung, indem die einen Bürger die andern zum Zahlen zwingen. [...] Für viele auf der Welt aber würde unser Land zum gelobten Schlaraffenland, in das man unbedingt einwandern muss. Mit einem bedingungslosen Grundeinkommen [...] wären wir wirklich in Kürze alle gleich. Nämlich gleich arm.«[40]

Christoph Mörgeli
Politiker, SVP

Menschen lassen sich nicht ändern

»Die Lohnabrechnung am Ende des Monats ist mehr als eine Geldüberweisung. Wer arbeitslos wird, erfährt besonders schmerzlich, wie wichtig das verdiente Geld als Ausdruck der Anerkennung für erbrachte Leistung ist. Arbeit ist für viele Menschen mehr als ein Zeitvertreib. Zwar wünschen fast alle mehr Freizeit, aber hat man sie, kann sie zum Problem werden. Mancher stürzt schon nach zwei Wochen Ferien in eine Sinnkrise. [...] Dass Arbeit und Lohn für uns so wichtig sind, mag man erbärmlich finden. Doch wir sind nun einmal eine Arbeitsgesellschaft, das ist kulturell bedingt. [...] Vielen Menschen wäre nicht gedient, wollte man sie mit einem garantierten Grundeinkommen ändern.«[41]

Patrick Feuz
Journalist, Der Bund

Abschaffung der Schwerkraft

»›Wer arbeiten kann, zahlt für jene, die nicht können‹. Die Volksinitiative will einen Wechsel zum Prinzip ›Wer arbeiten will, zahlt für jene, die nicht wollen‹. [...] Man muss nicht speziell ›faul‹ sein, um unter solchen Umständen eine Erwerbsarbeit viel weniger attraktiv zu finden – man muss nur rechnen können. [...] Die Volksinitiative für das Grundeinkommen [...] entspricht im Realitätsgehalt einer Volksinitiative zur Abschaffung der Schwerkraft.«[42]

Hansueli Schöchli
Journalist, Neue Zürcher Zeitung

Das System wird kollabieren

»Viele Leute hätten wohl keinen Anreiz mehr, einer Arbeit nach-zugehen, junge Menschen sähen keinen Sinn darin, sich in Schule, Lehre oder Studium abzumühen – weshalb auch: Der Staat be-zahlt einem ja den Lebensunterhalt. Doch bevor der Kuchen ver-teilt werden kann, muss er erst gebacken werden. Und wenn er immer kleiner wird, bleibt am Schluss allen weniger, der Wohl-stand sinkt. Im schlimmsten Fall kollabiert das System. Positiv ist einzig die Diskussion über eine Vereinfachung unseres viel zu komplizierten Sozial- und Steuersystems.«[43]

Daniel Kalt
Ökonom, UBS

Geld lässt sich nicht einfach drucken

»Es darf kein Recht auf ein Einkommen ohne Erwerbstätigkeit geben – sonst werden all jene bestraft, die sich um ihr Einkom-men bemühen. […] Das Geld, welches wir als Lohn bekommen, entstammt nicht einfach einer Druckerei, sondern unserer Wert-schöpfung. […] Ein bedingungsloses Grundeinkommen setzt voraus, das andere als ich selbst für mich Wertschöpfung generie-ren. Wenn alle so denken, wer arbeitet dann noch?«[44]

Daniela Schneeberger
Politikerin, FDP

Symptom von Wohlstandsdekadenz

»Die Vorlage ist kein Antidot gegen verbreitete Not, sondern ein Symptom von Wohlstandsdekadenz. Sie würde kein einziges Pro-blem lösen, sondern viele schaffen. […] Das bedingungslose Grundeinkommen nach dem Muster, das zur Abstimmung vor-liegen wird, ist halsbrecherisch, unverantwortliches volkswirt-schaftliches Hasardeurtum. Letztlich noch bedenklicher ist die

Begriffsverluderung, die dahintersteckt. [...] Wer die Selbstverantwortung abschafft, opfert auch deren Pendant, die individuelle Freiheit. Und umfassenderes Verantwortungsgefühl, für die ganze Gesellschaft, entwickeln nur mündige, selbstständige Bürgerinnen und Bürger, nicht hingegen entwürdigte, antriebsarme Schmarotzer.«[45]

Manfred Rösch
Journalist, Finanz und Wirtschaft

Das System wird unterstützt

»Ich glaube, dass man mit der Einführung des bedingungslosen Grundeinkommens akzeptieren würde, dass ein Teil der Gesellschaft abgekoppelt wird von dem Recht auf Arbeit. [...] Man befreit diese Leute nicht, man emanzipiert sie nicht. [...] Wir müssen dafür kämpfen, dass Erwerbsarbeit neu definiert wird, dass heute unbezahlte Arbeit wie Kinder- oder Altenbetreuung entschädigt wird. [...] Das Grundeinkommen stabilisiert das System. Man stellt die Bezüger kalt. Die sozialen Unterschiede, die wir mit aller Kraft bekämpfen, bleiben bestehen.«[46]

Corrado Pardini
Politiker, SP

Schweigeprämie für Verlierer

»Die Bemühungen, arbeitsunfähige Menschen von arbeitsunwilligen [...] zu unterscheiden, mögen nicht immer erfolgreich sein, aber die Aufgabe dieser Bemühungen [...] käme für jeden modernen, aufgeklärten Staat einer Bankrotterklärung gleich. So gesehen könnte das bedingungslose Grundeinkommen gar als ›Schweigeprämie‹ für die Verlierer des Arbeitsmarktes gesehen werden: Ein Staat, der nicht fähig ist, Rahmenbedingungen zu schaffen, die es jedem, der willig ist, erlauben, einer Erwerbsarbeit nachzugehen, mit der er für seinen Lebensunterhalt [...] aufkommen kann, braucht sich nicht mehr mit den Verlierern seines Politikversagens zu beschäftigen, denn für 2500 Franken im Monat lassen sich diese ja relativ einfach ruhigstellen.«[47]

Lukas Rühli
Ökonom, avenir suisse

Verführung des Schlaraffenlandes

»Der Charme der Idee des Grundeinkommens ist der Charme des Schlaraffenlandes. Bedingungslos heißt auch: anstrengungslos. Ohne jegliche Anstrengung flattern mir die Geldscheine ins Haus. [...] Die große Verführung dabei ist, zu meinen, das Schlaraffenland würde die Menschen frei machen und ihre Kreativität freisetzen. Das Gegenteil ist der Fall. Das Schlaraffenland macht die Menschen träge. Es erstickt ihre Phantasie und Kreativität, und es wird die menschliche Entwicklung und den menschlichen Fortschritt zum Ende bringen.«[48]

Rainer Hank
Journalist, Frankfurter Allgemeine Zeitung

Angst vor Trittbrettfahrern

»Einspruch gegen den sogenannten Bürgerlohn erhebt auch ein Kernelement der Gerechtigkeit, die Wechselseitigkeit. Danach verdient man nicht für das bloße Bürgersein einen Lohn, sondern erst für einen Beitrag zum Gemeinwesen. Die generell drohende Gefahr eines sozialen Trittbrettfahrens steigt dort, wo sich der Abstand zwischen ›Bürgerlohn‹ und Arbeitslohn verringert. Selbst wenn die Arbeit nicht ›im Schweiße unseres Angesichts‹ stattfindet, erfordert sie nämlich Mühen, die mancher lieber scheut: die biografische Investition eines rechtzeitigen Erwerbs von Berufsfähigkeiten, ferner Leistungsbereitschaft, nicht zuletzt berufliche, soziale und geografische Mobilität.«[49]

Otfried Höffe
Philosoph, Universität Tübingen

Kinder zeugen aus Kalkül

»Viele Menschen leben aus sich heraus, wollen etwas tun, etwas gestalten. Es gibt auch Menschen, die haben ganz gern die Hängematte. Ich möchte kein System haben, wo praktisch die einen wie die andern gleich behandelt werden. Stellen wir uns das doch mal vor: Zwei Menschen aus der Hängematte, sympathisch und nett, finden sich zusammen und beziehen jeweils 800 Euro Grundeinkommen. Dann bekommen sie zehn Kinder und haben nochmals 8000 Euro Grundeinkommen. Und dann leben sie herrlich und in Freude von 9600 Euro. […] Wir können nicht einfach Menschen für die pure Existenz bezahlen. Das ist nicht in Ordnung.«[50]

Thilo Sarrazin
Politiker, SPD

Drohnenexistenzen drohen

»Es mag gerechtigkeitsethisch vertretbar sein, jemanden, der sich nicht selbst versorgen kann, durch die Allgemeinheit zu versorgen. Aber es kann nicht gerechtigkeitsethisch vertretbar sein, zwischen Arbeitsfreiheit und Arbeitsaufnahme wählen zu können, ohne dass damit für einen selbst irgendwelche unterschiedlichen Konsequenzen verbunden wären. […] Aus Bürgern macht das Basiseinkommen Drohnenexistenzen, Empfänger ohne Würde und lebensethischen Stolz. Im Namen der größeren, der realen Freiheit werden sie unfrei; Leistungsbereitschaft wird von Anspruchsmentalität überwuchert. Alle sind sie abhängig vom Staat, der als *alma mater* fungiert und ohne Gegenleistung gibt, als moderne Mutter dabei sogar auf Dankbarkeit verzichtet.«[51]

Wolfgang Kersting
Philosoph, Universität Kiel

Spaltung der Gesellschaft

»Die Einführung eines bedingungslosen Grundeinkommens würde die ohnehin bestehende kulturelle Spaltung der Gesellschaft in beruflich Integrierte und beruflich Nicht-Integrierte, sei es durch prekäre und häufig wechselnde Beschäftigungsverhältnisse oder durch Arbeitslosigkeit, vertiefen. Die Einführung eines bedingungslosen Grundeinkommens käme einer Kapitulation gleich. Statt einer Strategie der Integration und Inklusion in die Arbeitsgesellschaft würde der endgültige und dann bald irreversible Ausstieg aus der Arbeitsgesellschaft prämiert.«[52]

Julian Nida-Rümelin
Philosoph, LMU München

Abkehr vom Bedarfsprinzip

»Das System eines bedingungslosen Grundeinkommens würde eine komplette Umfinanzierung der Sozialleistungen erforderlich machen. […] Das wäre eine Abkehr vom bisherigen Bedarfsprinzip eines solidarischen Sozialstaates, der dann hilft, wenn Not besteht. Es wäre auch eine Abkehr vom Prinzip ›Beitrag und Gegenleistung‹, auf dem die Arbeitslosen- und die Rentenversicherung beruhen. Ziel der Bundesregierung ist es jedoch, das Bedarfsprinzip sowie das ›Beitrag-und-Gegenleistung-Prinzip‹ zu stärken. Insofern ist das ›bedingungslose Grundeinkommen‹ kein Thema des aktuellen Regierungshandelns.«[53]

Angela Merkel
Politikerin, CDU

Vorfahrt für das Kapital

»Das bedingungslose Grundeinkommen entzieht das Kapital aus der Verantwortung, weil ja nicht der Arbeitgeber, sondern der Staat dieses existenzsichernde Grundeinkommen an den Beschäftigten auszahlen müsste. Der Arbeitgeber müsste nur noch eine eventuelle Aufstockung leisten. Die Gefahr von Kombilöhnen bestünde. Dies ist sicherlich auch ein Grund dafür, weshalb das bedingungslose Grundeinkommen recht viele Anhänger im Arbeitgeberlager hat.«[54]

Sahra Wagenknecht
Politikerin, Die Linke

Wider die Menschheitsgeschichte

»Ich bin gegen das Grundeinkommen, weil sich der Mensch in der Menschheitsgeschichte schon immer hat rühren müssen, um zu überleben. Ich glaube nicht an ein leistungsloses Einkommen, das wie Manna vom Himmel regnet. Hier wird jenen, die nichts tun, Einkommen versprochen. Und ausgeblendet wird, dass jene, die arbeiten, genau dieses Grundeinkommen erwirtschaften müssen. Das ist doch einfach Unsinn. Das ist Selbstbetrug hoch drei.«[55]

Oswald Metzger
Politiker, CDU

Gulaschkanone statt Sozialstaat

»Das ist der neueste Hit aus dem schier unerschöpflichen Reservoir der Reformer, die alles anders machen wollen. Das Bürgergeld soll eine Pauschale sein, die der Staat an alle zahlt. Jeder bekommt einen Schlag aus der Gulaschkanone, die an die Stelle des Sozialstaates tritt. Das Bürgergeld ist ein staatlicher Einheitslohn. Für die einen wird das ein Hungerlohn sein und für die anderen, die es nämlich gar nicht nötig haben, ein Trinkgeld. Ob Arm oder Reich: Vor dem Bürgergeld sind alle gleich. Das Bürgergeld ist die Dampfwalze, die den Sozialstaat plattmacht. Das ›arbeitslose‹ Grundeinkommen, welches Bürgergeld genannt wird, verstößt gegen alles, was wir über Gerechtigkeit und Solidarität gelernt haben. Es kämmt alle über den gleichen Kamm. Das Zeitalter der Gleichmacherei hat begonnen.«[56]

Norbert Blüm
Politiker, CDU

Arbeitsverweigerung des Geistes

»Wenn man jeden Kontakt zu den herrschenden Überzeugungen verliert – und dazu zählt nun mal die Vorstellung, dass es Geld nur für reale Leistung geben sollte –, verliert man auch die Überzeugungskraft. Helikoptergeld, Grundeinkommen, Vollgeld und eine Reihe anderer schöner Ideen sind sehr attraktiv. Man fliegt mit ihnen so hoch über das Kuckucksnest, dass man bei niemandem aneckt, weil man sowieso nicht ernst genommen wird. Man erspart sich auf diese Weise die Mühen der Ebene und den täglichen Kampf mit den geistigen Windmühlen, die unsereinem das Leben so schwer machen.«[57]

Heiner Flassbeck
Ökonom, UNCTAD

Wer bestimmt, wenn jeder selbst bestimmt?

Warum die Volksinitiative der richtige Weg ist

Das bedingungslose Grundeinkommen kommt nicht von oben. Es ist kein Obrigkeitsrecht, sondern ein Grundrecht. Grundrechte hatten sich die Bürger zuerst gegenüber den Obrigkeiten zu erstreiten. Schließlich galt es, sie sich auch untereinander zu gewähren.

Als Grundrecht berührt das Grundeinkommen die Machtfrage. Es legt die Gestaltungsmacht zunehmend in die Hände des Einzelnen. In seine Hände kann sie wirkungsvoll nur durch alle anderen gelegt werden. Der Souverän, der durch das Grundeinkommen freigesprochen wird, hat sich selbst freizusprechen.

Dass das Parlament ein Monopol auf die Gesetzgebung innehat, wie es heute außer in der Schweiz in allen Demokratien mehr oder weniger der Fall ist, ist dem Grundeinkommen abträglich. Natürlich kann es formell von jeder Institution jederzeit beschlossen werden. Doch die Geste, die ihm zugrunde liegt, ist eine direktdemokratische. Sie rückt das Verhältnis zwischen Bürgern und Politikern ins rechte Licht: Bürger sind nicht Bittsteller, die Politiker beeinflussen, sondern Politiker sind Dienstleister, die Bürgerinteressen ausführen.

Wie etwas finanziert, transferiert oder subsumiert wird, ist eine Frage, bei der Politiker und Parteien ihre ganze Expertise einbringen können. Doch das Grundeinkommen muss die Gemeinschaft beschließen, welche es sich auszahlen will. Deshalb ist die Volksinitiative der richtige Weg, das bedingungslose Grundeinkommen einzuführen. Weltweit wird genau dieser Weg bewundert: Die Schweizer diskutieren nicht nur über das Grundeinkommen, sie stimmen auch darüber ab! Es wird ernst und bleibt doch spielerisch. Das ist das Kunststück der direkten Demokratie.

Wer nicht fragt, bleibt stumm

Bei der Volksabstimmung zum bedingungslosen Grundeinkommen ist es nicht entscheidend, was das politische Establishment vorgibt. Die Fragen des Grundeinkommens wirken auf den politischen Alltagsbetrieb seltsam und bleiben ihm oft unverständlich. Das zeigen die Botschaft des Schweizer Bundesrates sowie die Beratungen in der Kommission des Nationalrates.[58] In der Kommission war eine fast groteske Überforderung, Fassungslosigkeit und Unbeholfenheit zu erleben. Egal, ob vom rechten oder linken Flügel, von den Anwesenden wurden Fragen und Einwände formuliert, die eher Unverständnis artikulierten, als dass sie von einer differenzierten Auseinandersetzung mit dem Thema zeugten. Das ist nicht schlimm, sondern weist darauf hin, dass es sich beim Grundeinkommen um eine Abstimmungsvorlage handelt, die sich keineswegs im politischen Alltagsgeschäft erschöpft.

Die Parteien werden empfehlen, das Grundeinkommen abzulehnen. Die Argumente werden lauten, dass es nicht finanzierbar sei, dass seine Folgen unabsehbar wären und dass man Bedenken wegen des Wegfalls der Arbeitsanreize habe. Außerdem wird es heißen, dass das Grundeinkommen unsozial sei und neoliberale Züge aufweise oder unliberal sei und sozialistische Züge trage. Die Abstimmungsplakate der Gegner werden entsprechend betitelt sein: »Geld für nichts? Nicht mit uns!«; »Wer essen will, muss arbeiten«; »Freiheit gibt es nicht umsonst«; »Ja zur Schweiz! Nein zu Sozialschmarotzern!«.

Die Fragen des Grundeinkommens zielen auf jeden Einzelnen. Politische Grabenkämpfe spielen dabei eine Nebenrolle. Wer sein Votum darauf abstützt, was andere dazu sagen, ohne die Fragen des Grundeinkommens zu seinen eigenen zu machen, der verpasst die Gelegenheit, sich selbst zu fragen, wie er in Zukunft leben und arbeiten will.

Was tun wir, wenn wir nicht mehr arbeiten müssen? Das fragt der Soziologe. Was tun wir, wenn alle anderen für uns arbeiten? Das fragt der Ökonom. Der Nachbar, der Neider und der Nihilist fragen: Würde überhaupt noch jemand arbeiten, wenn für sein Einkommen gesorgt wäre? Der Pessimist fragt: Und wer macht dann die Drecksarbeit? Der Konservative fragt: Kämen dann nicht alle Ausländer? Der Philosoph fragt: Was ist Arbeit? Und der Pädagoge fragt: Sollten wir das bedingungslose Grundeinkommen nicht doch an Bedingungen knüpfen? Das bedingungslose Grundeinkommen fragt jeden Einzelnen nach seiner Frage.

Souverän ist der Bürger

In der Schweiz fühle ich mich als Bürger souverän. Das ist gar nicht aufregend, sondern normal. Wer sich politisch souverän fühlt, schaut unaufgeregter und sachlicher auf die Politik. Der Blick auf Politiker ähnelt dem auf Angestellte, nicht dem auf Chefs. Durch das Initiativrecht kann ich Impulse in den Politikbetrieb einbringen, und mit dem Referendumsrecht habe ich es in der Hand, die Politiker auch mal zurückzupfeifen. Schon allein dass diese Möglichkeiten bestehen, ist gegen abgehobenes Gehabe sehr wirksam. Die Politiker sind dadurch eher Handwerker als Bauherren. Sie sind mehr mit der Aufgabe verbunden und weniger mit der Macht. Dafür genießen sie auch mehr Respekt und werden weniger zum Gespött der Bürger und Medien als in anderen repräsentativen Demokratien. Die Macht ist geteilter und die Politik dadurch leistungs- und sachbezogener.

Interessant ist, dass in Deutschland von Volksentscheiden, die es auf Bundesebene noch nicht gibt, in der Schweiz dagegen von Volksabstimmungen gesprochen wird. Demokratie ist eine Kulturfrage: Der Entscheid scheidet. Die Abstimmung verbindet. Die Abstimmung ist ein Wahrnehmungsorgan. Sie scheidet nicht die Geister, sondern führt sie zusammen. Wir stimmen uns miteinander ab. Die Abstimmung lehrt mich, wie und warum die anderen anders denken. Die Abstimmung ist eine Bildungsveranstaltung. Sie lässt mich beweglicher und verständiger werden.

In der Schweiz ist die Bundespolitik nicht so bedeutend wie in den meisten repräsentativen Demokratien. Es gibt nicht die da oben und mich als ein Bruchteil des Wahlvolks, das seine Stimme alle vier Jahre an eine Handvoll verschieden-gleicher Parteien buchstäblich abgeben darf. Ich gestalte und bestimme mit. Diese Möglichkeit spornt mich an und prägt mein Lebensgefühl. Ich kann nicht sagen, dass ich nicht kann. In der direkten Demokratie ist mein Wille angesprochen. Meine Stimme zählt und wirkt.

In der direkten Demokratie fühle ich mich souverän, weil ich das letzte Wort habe. Und weil ich es habe, muss ich es nicht oft benutzen. Gegenüber den Politikern bin ich der, der den Wind macht. Gute Politiker müssen deshalb gute Surfer und Segler sein. In Deutschland haben die Politiker anscheinend die Segel gestrichen und fahren mit dem Motorboot, manche sogar mit dem U-Boot. Wie können sie dabei den Wind wahrnehmen?

Der Ökonom Bruno S. Frey untersuchte die Möglichkeiten politischer Mitbestimmung in Schweizer Kantonen und stellte fest, dass die Menschen dort, wo es mehr Mitbestimmung und weniger Hürden für Volksabstimmungen gibt, glücklicher sind. Im Großen und Ganzen gelte, dass »das wirtschaftliche Niveau eines Landes umso höher ist, je besser die Möglichkeiten der direkten Mitsprache des Volkes mittels Initiativen und Referenden ausgebaut sind«.[59]

Freys Analysen zeigen außerdem, »dass Demokratien mit einer direkten Mitwirkung bei politischen Entscheidungen beträchtliche wirtschaftliche Vorteile gegenüber repräsentativen Demokratien aufweisen. Die Steuerbelastung ist geringer, und der Staat ist effizienter, das heißt, die öffentlichen Leistungen werden mit geringerem Aufwand erbracht. Dies kommt der wirtschaftlichen Aktivität zugute, die sich mit weniger Bürokratie und Reglementierung auseinandersetzen muss.«

Das bedingungslose Grundeinkommen ist der nächste demokratische Schritt. Es ebnet den Weg in eine Gesellschaft, in der jeder frei entscheiden kann, was er tun will. Das kommt der Gesellschaft zugute, da der Einzelne nun besser zu sich selbst kommt, also auch zu der Frage, was er im Leben bewegen und wofür er sich einsetzen will. Andreas Gross, Schweizer Politiker und Politikwissenschaftler, bringt es auf den Punkt: »Die Einführung des Grundeinkommens wäre ein wesentlicher Beitrag zur Demokratisierung der Demokratie.«[60]

Nicht mehr regeln, sondern besser

Das bedingungslose Grundeinkommen sorgt dafür, dass vieles, was heute von Staats wegen geregelt ist oder geregelt werden soll, den Bürgern zur freien Entscheidung überlassen werden kann. Sind sie grundsätzlich abgesichert, besteht weniger Bedarf, sie zusätzlich abzusichern und dadurch einzuschränken.

Das Grundeinkommen schafft die Grundlage dafür, dass die Arbeitszeit nicht künstlich verkürzt werden muss, sondern dass frei nach Bedarf und Bedürfnis gearbeitet werden kann. In der Grundeinkommensgesellschaft ist Arbeit nicht mehr das, was man muss, sondern das, was man will. Arbeit ist der Beitrag, den ich leisten will, nicht die Pflicht, der ich zum Überleben nachkomme.

Das Grundeinkommen verlangt keinen Mindestlohn. Einen Mindestlohn braucht es nur, solange es kein Grundeinkommen gibt. Einen Mindestlohn braucht es dort, wo Menschen von der Arbeit abhängig sind und deshalb einen Mindestpreis für ihre Arbeit fordern müssen. Der Mindestlohn ist ein richtiger Schritt in die falsche Richtung. Er sichert die angemessene Bezahlung der Lohnarbeit. Jedoch beschränkt er Arbeit zugleich auf Lohnarbeit und verteuert sie. Je teurer die Lohnarbeit, desto eher wird sie rationalisiert. Je schlechter ein Job bezahlt wird, desto eher wird er nicht rationalisiert. Aus Angst vor Arbeitsplatzverlusten wurde die Schweizer Mindestlohninitiative 2014 nur von 23 Prozent der Stimmbürger unterstützt und in allen Kantonen abgelehnt.[61]

Die Idee eines Höchstlohns, von der 1:12-Initiative gefordert, wurde bereits 2013 mit 35 Prozent Zustimmung und ebenfalls ohne Ständestimme verworfen.[62] In der Debatte wurde gleichermaßen das Schreckensszenario skizziert, dass bei einer Deckelung der Einkommen viele Arbeitsplätze verloren gingen. Das Grundeinkommen würde das Problem der Abzocker-Löhne anders angehen: Es schafft die Freiheit, den Unternehmen, deren Chefs übermäßig abzocken, den Rücken zuzukehren. Es würde viele langwierige politische Kämpfe erübrigen, da es jeden in die Lage versetzt, selbst zu entscheiden, wo er sich engagieren will. Wer jemanden für eine Sache gewinnen will, muss zeigen, warum die Sache sinnvoll ist. Gelingt dies, werden sich andere dafür einsetzen. Wer jemanden nur für etwas ausnutzen will, was derjenige selbst gar nicht sinnvoll findet, geht als Verlierer vom Platz.

Sowohl vor der Mindestlohn- als auch vor der Höchstlohninitiative wurde mit dem Argument wegfallender Jobs gewarnt. Das Grundeinkommen lässt Arbeit wegfallen, die unsinnig ist, sichert jedoch sinnigerweise das Einkommen. Das führt dazu, dass der Einzelne weniger manipulierbar ist. Folglich braucht es weniger zwingende Regeln, weil jeder seine Anliegen eigenständig regeln kann.

Schweiz, Deutschland, USA

Über das bedingungslose Grundeinkommen wird in unterschiedlichen Ländern unterschiedlich diskutiert. In der Schweiz trifft das Grundeinkommen nicht auf materielle Not, die es zu lindern gilt. Es ist nicht die Lösung eines Problems. Es ist nicht das herbeigesehnte Instrument zur Armutsbekämpfung. Es ist nicht das dringend benötigte Instrument zur Förderung der Wirtschaft. Das Grundeinkommen ist in der Schweiz keine Notlösung, sondern eine Innovation. Also eine Verbesserung, die umstritten und keineswegs von allen gewollt ist. Das Grundeinkommen wird diskutiert, weil man es sich leisten kann, wenn man es denn will.

Zugleich ist das Thema für die Schweiz ein heißes Eisen. Denn es ist all jenen ein Affront, die darin, dass jeder für sich selbst sorgen können muss, Würde und Wert des Menschseins bestimmt sehen. Ihnen ist das Grundeinkommen der völlig falsche, gefährliche Irrweg, der das Paradies auf Erden verspricht, anstatt dazu aufzufordern, sich mit den beschränkten irdischen Verhältnissen zu arrangieren. Wer so denkt, der sieht durch das Grundeinkommen den Gesellschaftsvertrag bedroht, der vorsieht, nur denen zu helfen, die sich selbst nicht helfen können. Wer so denkt, sieht weiterhin die Wirtschaft bedroht, die gerade über den Anreiz zur Lohnbeschäftigung funktioniert – und durch den Wegfall dieses Primats ihre Basis verliert, weil jeder ja dann machen kann, was er will, anstatt dass er sich von der unsichtbaren Hand des Marktes zuweisen lassen muss, was gebraucht wird. Außerdem erscheint das Grundeinkommen manch liberaler Seele als sozialistisches Schreckgespenst, als ein fatales Staatsgeld, von dem die Entfaltung des Einzelnen abhängig gemacht werden soll. Die Linken wiederum fürchten durch das Grundeinkommen den Abbau der hart erkämpften Sozialleistungen. Sie beschreiben das Grundeinkommen als neoliberalen Kahlschlag und fordern stattdessen einen Ausbau der von ihnen erstrittenen Sozialleistungen.

Diese moralisch aufgeladene Debatte, die sich von Befürchtungen und Hoffnungen nährt, findet sich in Deutschland radikalisiert wieder. Dort wurde vor rund zehn Jahren mit den Hartz-IV-Gesetzen eine unheilige Allianz von Sozial- und Strafrecht geschmiedet, die das Grundgesetz verhöhnt. Von den Folgen dieser Reform sind nicht nur die Empfänger der Hartz-IV-Leistungen betroffen, sondern ebenfalls alle, denen diese

Leistungen in Zukunft drohen, sowie diejenigen, die sie in den Behörden täglich verwalten. All jenen, die Deutschland als ein Schmarotzer- und Faulenzerparadies ansehen, sind die Gesetze dagegen willkommen, da sie in ihren Augen wirksam gegen die Plünderung des Sozialstaats vorgehen.

Diese Situation führt dazu, dass die deutsche Grundeinkommensdebatte, bevor sie überhaupt in Gang kommt, meist durch die beiden Vorurteile blockiert wird, dass dann doch niemand mehr arbeiten würde und dass das doch sowieso nicht zu finanzieren sei. Dieses Nadelöhr ist zu durchqueren, um in ein Gespräch darüber einsteigen zu können, was das bedingungslose Grundeinkommen bewirken könnte – ein Grundrecht, welches viele heiß ersehnen, weil es in ihren Augen der Not des faktischen Arbeitszwangs entgegentritt.

In den USA ist die soziale Not noch weitaus größer als in Deutschland – und dennoch wird das Grundeinkommen dort weniger als Notlösung angesehen, sondern ähnlich wie in der Schweiz eher als Innovation. Das bezeugt das amerikanische Medienecho auf die Einreichung der Schweizer Volksinitiative. Dass jeder Amerikaner seinen *american dream* realisieren will, der darin besteht, das zu tun, was ihn erfüllt, scheint kaum infrage zu stehen – und vor diesem Hintergrund erübrigt sich sofort der Verdacht, dass mit einem Grundeinkommen niemand mehr arbeiten würde. Natürlich arbeitet man dann noch – man tut eben das, was man eigentlich immer schon tun wollte. Man lebt seinen Traum.

Das Grundeinkommen gilt in den USA als liberales Anliegen mit liberaler Tradition. »Feeding programs feed bureaucracy«, heißt es: »Armenspeisung füttert Beamtenköpfe«. Das Grundeinkommen baut Bürokratie – also unnötiges Misstrauen und überflüssige Verfahren – ab, indem es einen schlanken Staat mit großer Wirkung – nämlich der Wirkung, seine Bürger in Freiheit zu setzen – ermöglicht. Außerdem scheint es immer mehr jungen IT-Unternehmern des Silicon Valleys unumgänglich, Menschen mit einem Grundeinkommen auszustatten, damit sie all jene Produkte, die im Silicon Valley entwickelt werden, um Arbeitsplätze abzuwickeln, trotz Arbeits- und damit Einkommensverlust in Zukunft weiterhin kaufen können.

Während also in der Schweiz das Grundeinkommen weltweit am ernsthaftesten diskutiert wird, fehlt in Deutschland das Instrument, um es einzuführen: der bundesweite Volksentscheid. Zudem geistert noch das Hartz-IV-Gespenst herum, das Menschen unwürdig leiden lässt. In den USA wird das Grundeinkommen als liberales Versprechen angesehen, das jedem ermöglicht, das zu tun, was er will. Zugleich ist das Grundeinkommen in den USA auch als Mittel zur Armutsbekämpfung im Gespräch, denn anders als in Deutschland, wo der Mangel ein künstlich erzeugter, moralisch gewollter, perfide organisierter ist, fehlen den USA bis heute angemessene Sozialleistungen. Der Mangel wird in den USA entweder gar nicht als solcher erlebt oder noch immer als selbstverständlich empfunden, sodass nach pragmatischen Lösungen gesucht wird, ihn zu beheben – während er in Deutschland problemlos zu beheben wäre, würde man sich nicht alle Mühe geben, ihn weiter aufrechtzuerhalten.

Grundeinkommen für Politiker

Warum wollen ausgerechnet Politiker den Bürgern den Freiraum zur eigenen Entscheidungsfindung immer wieder vorenthalten? Politiker erhalten bereits eine Art bedingungsloses Grundeinkommen. Sie erhalten ein Einkommen, damit sie ihr Mandat angemessen erfüllen und nicht korrumpiert werden können. Sie werden nicht für vorgegebene Leistungen alimentiert, sondern dafür, eigenständig Entscheidungen treffen zu können. Warum tun sich also gerade Politiker schwer, die Idee des bedingungslosen Grundeinkommens zu befürworten?

Das freie Mandat ist ein Fundament der parlamentarischen Demokratie. Jeder Volksvertreter kann bei jeder Abstimmung im Parlament abstimmen, wie er will. Niemand zwingt ihn. Kein Gehaltsentzug droht. Der Abgeordnete wird nicht für seine Leistung bezahlt, sondern dafür, dass er leisten kann. Die Leistung kann in einem Tun oder Unterlassen, in einem Ja oder Nein bestehen. Jedenfalls ist es ein hohes Gut, dass der gewählte Politiker für seine Leistungen nicht bezahlt, sondern beauftragt wird. Was von ihm zu halten ist, entscheiden die Wähler am Wahltag. Es ist keine Frage des Geldes.

Niemand weiß so gut wie Politiker, wie sich ein Grundeinkommen anfühlt. Nämlich genau so wie jenes Einkommen, das sie erhalten. Das bedingungslose Grundeinkommen erhalten allerdings auch alle Nicht-Politiker. Es ist für jeden Bürger. Für den Handwerker und den Ingenieur, die alleinerziehende Mutter und den arbeitslosen Vater, den Bummelstudenten und den Frührentner, den Obdachlosen und den CEO. Warum ist es nun für Politiker so schwer, das bedingungslose Grundeinkommen zu unterstützen? Halten sie sich für etwas Besseres? Trauen sie den Bürgern nicht zu, mit eigenen biografischen Mandaten beauftragt zu sein? Oder halten sie ihr eigenes Modell der Alimentierung für überholt? Würden sie lieber für ihre Performance bezahlt werden – und nur dann Geld erhalten, wenn sie gemäß dieser oder jener Abmachung erfolgreich agierten?

Die Gründe, das Grundeinkommen nicht zu favorisieren, sind vielfältig. Ein Grund sticht dabei heraus: der Wähler. Es ist nicht die Aufgabe des Politikers, die intellektuelle Vorhut des Landes zu sein. Er wird nicht gewählt, weil er Visionen hat, sondern weil er will, was die Mehrheit für richtig hält. Dieser Politiker, der mit dem Wind der Wähler segelt, wird genau dann seinen Kurs ändern, wenn der Wind der Wähler anders weht. Er wird genau beobachten, wann die Wähler nicht nur ihm, sondern auch sich selbst ein Grundeinkommen zutrauen. Bevor er diesen Eindruck nicht gewonnen hat, bewahrt er die Allgemeinheit vor einer besonders absurden Idee.

Der Staatsapparat ist nicht das initiative Organ einer Demokratie. Er sorgt dafür, dass funktioniert, was gewollt wird. Politiker wollen zuletzt. Wir denken immer, es sei umgekehrt. Dabei wird es keinen Politiker geben, der dauerhaft mit Themen erfolgreich ist, die niemanden interessieren. Und umgekehrt gibt es unzählige erfolgreiche Politiker, die sich pragmatisch dafür einsetzen, was jetzt gerade hoch im Kurs steht.

Um die Politiker müssen wir uns keine Sorgen machen. Sie tun, was wir wollen, weil sie gewählt werden wollen. Bis wir etwas anderes wollen, werden sie keine große Hilfe sein – außer einem Spiegel, der uns zeigt, was alles noch nicht selbstverständlich ist. Diese Trägheit manifestiert den demokratischen Weg, den eine Idee zurücklegen muss, damit sie nicht zur Ideologie wird. Jede Idee, die plötzlich in Massen fährt, ist ideologieverdächtig. Deshalb wird das bedingungslose Grundeinkommen erst kommen, wenn sein Weg bereits so weit fortgeschritten ist, dass es gesellschaftlich längst selbstverständlich geworden ist, es einzuführen. Die Parteien und Politiker, die es jetzt für abwegig erklären, werden ihr Spiel dann anders spielen: Sie werden das Grundeinkommen befürworten – und jeweils von ihrem Standpunkt aus ein bestimmtes Modell vertreten. Nachdem klar ist, dass es gewollt wird, geht der politische Streit, wie es gemacht wird, weiter. Das ist gut so, auch wenn es manchmal nicht zu fassen ist.

Einer für alle, alle für einen

Das Credo lautet: »Einer für alle, alle für einen.« Unter diesem Motto kämpfen die drei Musketiere in Alexandre Dumas' gleichnamigem französischen Roman aus dem Jahre 1844. Der Satz wird schnell zum inoffiziellen Wahlspruch der Schweizerischen Eidgenossenschaft. Er ist Ausdruck von freier Individualität und freilassender Gemeinschaft. Nur der, der frei ist, kann sich ganz in den Dienst der Gemeinschaft stellen. Nur die Gemeinschaft, die freilässt, ermöglicht Verbindlichkeit. In den Worten des Schweizer Philosophen Stefan Brotbeck klingt das so: »Ich allein kann freiwerden (keiner kann mir das Freiwerden abnehmen), aber freiwerden kann ich nicht allein. Das Drama der Freiwerdung ist ein soziales Drama.«[63]

»Einer für alle«: Das kann auch übertriebenen Heroismus, Selbstgerechtigkeit, Übermut meinen. Der Einzelne, der sich zu wichtig nimmt – gegenüber anderen. Oder es kann unangemessene Selbstlosigkeit bedeuten – der Einzelne, der sich nicht wichtig genug nimmt. In Zeiten von Arbeitsteilung und Fremdversorgung ist es eine Formel für ein Faktum: Ich bin für alle anderen tätig. Ich versorge mit meiner Arbeit nicht mich selbst, sondern andere. Das gelingt am besten freiwillig und selbstbestimmt.

»Alle für einen«: Das kann auch falscher Gemeinsinn sein. Die Gemeinschaft, die sich selbst gegenüber dem Einzelnen zu wichtig nimmt. Oder es kann heißen, dass die Gemeinschaft selbstvergessen agiert – nur auf ein einziges Idol fokussiert. Faktisch heißt es heute: Jeder Einzelne wird von allen anderen versorgt. Niemand agiert mehr als Selbstversorger. Jeder wird getragen von den Leistungen der Gemeinschaft. Die Gemeinschaft befreit ihn als Menschen, da sie ihn von der Natur emanzipiert, die er zuvor beackern musste. Früher bestand Individualität darin, allein in der Natur überleben zu können – heute besteht sie darin, gesichert durch die Gemeinschaft, ein freier, individueller Mensch zu werden. Nicht mehr in der individuellen Not, die jeder für sich selbst löst, sondern in der individuellen Tat, die jeder für andere begeht, besteht moderne Individualität.

»Einer für alle, alle für einen.« Das heißt strukturell: Jeder für jeden. Das ist das Geflecht der modernen Lebensverhältnisse. Das bedingungslose Grundeinkommen führt dazu, dass ich von anderen für andere freigestellt bin. Das ist die Basis der Musketier-Gesellschaft. Sie werden durch freie Verbindlichkeit handlungsfähig. Das Grundeinkommen ermöglicht dem Einzelnen, der Gemeinschaft bestmöglich zu dienen, und der Gemeinschaft erwächst es als höchstes Ziel, den Einzelnen dafür freizustellen. Das ist modernes Latein: *Unus pro omnibus, omnes pro uno.*

Die Bedingungen der Bedingungslosigkeit

Das bedingungslose Grundeinkommen kennt selbstverständlich Bedingungen. Es hebt die Rechtsordnung ja nicht auf, auf der es beruht. Die postulierte Bedingungslosigkeit setzt sich von den Bedingungen ab, die heute für den Bezug von Sozialleistungen gelten.

Gesetze regeln, was alle betrifft. Sie sind allgemeingültig. Was den Bezug des Grundeinkommens betrifft, so hat der Gesetzgeber zu entscheiden, wer es in welcher Höhe und in welcher Form erhalten soll. Wie ist es mit Kindern? Wie mit Rentnern? Wie mit Flüchtlingen?

Generell gilt: Das Grundeinkommen ist nicht an die bisher bekannten Bedingungen geknüpft. Doch geboren werden muss man schon. Das Grundeinkommen ist für Menschen, nicht für Engel. Und wenn man geboren ist? Dann ist das Grundeinkommen für die Eltern. Es ist kein Taschengeld für Kinder. Und es wird für Kinder auch noch nicht in jener Höhe benötigt wie für Erwachsene. Eltern könnten also bis zur Volljährigkeit des Kindes ein Kindergrundeinkommen erhalten, ehe der Volljährige sein eigenes Grundeinkommen erhält. In jedem Fall ersetzt das Grundeinkommen das Kindergeld in seiner Höhe. Und es ersetzt alle anderen Sozialleistungen in seiner Höhe. Natürlich erhält jeder, der auf zusätzliche Unterstützung angewiesen ist, diese auch weiterhin. Je nach Bedarf.

Wer sollte kein Grundeinkommen erhalten? Die Blöden nicht? Die Faulen nicht? Die Dummen nicht? Die Frechen nicht? Die Reichen nicht? Die Kinder nicht? Die Unternehmer nicht? Die Politiker nicht? Die Ausländer nicht? Gibt es einen Grund, kein Grundeinkommen zu erhalten? Weil man nicht arbeitet? Weil man es nicht will? Weil dann die anderen auch eines bekommen? Weil ich mich dann verpflichtet fühle, ein guter Mensch zu sein? Weil ich mich dann unfrei fühle? Weil ich von Fremden kein Grundeinkommen annehmen will? Weil ich mich selbst versorgen will? Weil ich nicht will, dass andere es wollen?

Die besonderen Bedingungen des Grundeinkommens können verhandelt werden, nachdem man sich geeinigt hat, dass man es grundsätzlich einführen will. Ein Einkommen, das in existenzsichernder Höhe einen individuellen Rechtsanspruch darstellt, der ohne Gegenleistung oder Bedürftigkeitsprüfung gewährt wird.

Wir sind (k)eine Familie

Die Familie ist der Sozialstaat der Selbstversorgung. Dort, wo jeder seinen landwirtschaftlichen Hofstaat unterhält und die Überschüsse zum Markt trägt, wird nach den Gesetzen der Familie produziert und konsumiert. Die Ehe als Gründungsinstitution der Familie sichert den Erhalt dieser Zweckgemeinschaft, durch die der Einzelne den Unwägbarkeiten des Lebens besser begegnen kann.

Aus der Zweckgemeinschaft von damals ist die Bedarfsgemeinschaft von heute geworden. Auch in der Arbeitsgesellschaft, in welcher der Arbeiter, der für sein Tun entlohnt wird, den nicht erwerbstätigen Teil seiner Familie mit zu versorgen hat, gilt die Familie noch als sozialer Zusammenhang, der seine Mitglieder zu gegenseitiger Solidarität verpflichtet – bevor Gemeinde, Kanton oder Bund zur Kasse gebeten werden dürfen.

Es ist absurd, dass die Familie heute, in Zeiten von Globalisierung und Individualismus, immer noch jene ökonomische Funktion erfüllen soll, die ihr einstmals oblag. Ja es ist geradezu so, dass die Familie dadurch, dass sie heute noch immer als Solidargemeinschaft funktionieren muss, daran gehindert wird, sich zeitgemäß weiterzuentwickeln.

Weder der Individualismus, der den Einzelnen gerade nicht aufgrund seiner familiären Abstammung beurteilt, noch die Globalisierung, die nichts anderes als Ausdruck der weltweiten Leistungsbeziehungen ist, lassen die Familie heutzutage als sinnvolle Solidargemeinschaft erscheinen.

Das Individuum ist leistungsmäßig nicht mehr mit seiner Familie, sondern mit allen Menschen rund um den Globus verbunden. Und es steht überhaupt als Individuum in der Welt – und nicht mehr bloß als »Kind von«, worin sich die Definition des einzelnen Menschen über Jahrhunderte hinweg erschöpfte.[64]

Während die geistige Größe der Neuzeit das Individuum ist, ist es in wirtschaftlicher Hinsicht die ganze Menschheit und in politischer noch immer der Nationalstaat. Er trat seine Karriere als Sozialstaat Ende des 19. Jahrhunderts unter dem ersten deutschen Reichskanzler Otto von Bismarck an, der den Arbeitern unter die Arme griff, wenn sie nicht in der Lage waren, den Lebensunterhalt für ihre Familien aufzubringen.

Während die bismarcksche Familienförderung eine Notsituation voraussetzte, sollte sie heute voraussetzungslos sein: Ist es nicht unzeitgemäß, dass es noch immer eine Unterhaltspflicht für Eltern ihren Kindern gegenüber gibt – und später für Kinder gegenüber ihren Eltern? Anstatt sie zu entökonomisieren, beuten diese Verpflichtungen die Familie weiterhin finanziell aus. Das führt zu ökonomischer Inzucht, die es allen Beteiligten erschwert, sich frei zu entfalten.

Der Journalist Arno Widmann schreibt in der *Berliner Zeitung*: »Wenn Familie nur noch eine Lebensabschnittsinstitution ist, dann wird der Gesetzgeber die Aufgabenverteilung zwischen Individuum, Familie, Gesellschaft und Staat neu definieren müssen. Je stärker eine Gesellschaft sich individualisiert, desto geringer ist die Rolle von Zwischeninstitutionen, desto – wir sagen das nicht gerne, aber es ist die bittere Wahrheit – staatsunmittelbarer werden die Bürger. Damit stellt sich die Frage nach einem jedem Bürger zustehenden Grundeinkommen noch drängender.«[65]

Ob die Wahrheit bitter schmeckt oder nicht, sei dahingestellt. Jedenfalls bietet das Grundeinkommen die Gelegenheit, das Individuum zu stützen und die Familie von dieser Funktion zu entlasten. Das ist viel wert. Denn all die demografischen Fragen, von der Geburtenrate bis zur Altenpflege, werden sich familiär nur lösen lassen, wenn die Familie kein Wirtschaftsverband bleibt; wenn sie also nicht mehr ein Zerrbild jenes Sozialverbandes darzustellen hat, der sie auszeichnete, als jeder noch für sich selber – entsprechend: jede Familie für sich selber – sorgte.

Der Individualstaat der Fremdversorgungsökonomie besteht nicht aus Familien, sondern aus Bürgern. Heute stimmt nicht mehr der Hausvorstand für alle, sondern jeder Einzelne für sich ab. Der Einzelne ist das moderne Maß aller Dinge. Das bedingungslose Grundeinkommen ist eine Individualisierungsinvestition. Es stellt das Startkapital für die biografische Unternehmung jedes Einzelnen bereit.

Emanzipation für alle

Emanzipation heißt, sich freizumachen von väterlicher Fürsorge. Der heutige Sozialstaat ist noch nach dem Fürsorgeprinzip aufgebaut: Jenen, die sich selbst nicht helfen können, wird geholfen, wenn sie ihre Hilfsbedürftigkeit nachweisen können. Damit bricht das bedingungslose Grundeinkommen. Die Bedürftigkeit ist nicht mehr zu demonstrieren. Mit guten Grund: Wem man sich als Bedürftiger vorstellt, dem muss man sich fast unweigerlich auch unterstellen. Man wird zum Bittsteller. Das ist keine souveräne Position. Das ist moderne Bettelei.

Warum sitzen Bettler auf dem Boden? Weil man nicht auf gleicher Augenhöhe mit dem Mildtätigen betteln kann. Die Bedürftigkeit wäre von der Geste her ansonsten nicht glaubwürdig. Wer eine andere Person auf gleicher Augenhöhe anspricht, bettelt nicht, sondern verhandelt. Der Bettler lebt von fehlender Augenhöhe – ebenso wie der Spender. Das Grundeinkommen ist deshalb unattraktiv für jene, die gerne die Guten sind und den anderen etwas gönnen. Das Grundeinkommen beendet die Kultur der Almosen. Almosen gründen auf Mitleid. Und Mitleid kann man nicht mit jemandem haben, dem es gut geht.

Die Konstellation, dass die einen die Gebenden und die anderen die Nehmenden sind, darf man sozial nicht unterschätzen. Wer verteilt, hat Macht. Wer empfängt, fühlt sich verpflichtet. Damit räumt das Grundeinkommen auf. Ich muss nicht mehr danken und gehorchen. Ich werde souverän. Ich erhalte das Grundeinkommen nicht, weil ich es brauche, sondern weil ich Mensch bin. Ich bin der Grund für das Grundeinkommen. Nicht meine Bedürftigkeit. Wir gestatten uns gegenseitig zu existieren. Bedingungslos. Das ist Emanzipation in höchster Form. Nicht: Die da oben geben denen da unten. Sondern: Jeder erhält es von jedem. Das Grundeinkommen stellt die Waage waagerecht.

Nun könnte man meinen, dass wir dann alle vom Staat abhängig würden. Richtig ist: Das bedingungslose Grundeinkommen würde uns von staatlicher Hilfe emanzipieren. Der Staat könnte seine bevormundenden Tätigkeiten aufgeben. Die bestimmenden und kontrollierenden Aufgaben des Staates könnten endlich abnehmen. Das Grundeinkommen beauftragt den Staat, abzusichern (sozial) und nicht vorzuschreiben (liberal). Das Grundeinkommen ermöglicht, dass wir uns von Vater Staat emanzipieren und als Brüder im Geiste neu begegnen.

Leistung als Sozialleistung

Subsidiarität ist ein Freiheitsprinzip. Der Pharao, der seinem Volk aus göttlicher Ahnung aufträgt, was zu tun ist, hat für dieses Prinzip nicht viel übrig. Im Gegenteil: Die Herrschaftspyramide, an deren Spitze einer und an deren Ende viele stehen, fußt darauf, dass die Vielen das tun, was der Eine sagt. Ihre Verantwortung liegt nicht bei ihnen selbst, sondern darin, ihm zu folgen. Als Einheit eigenen Rechts existiert der Einzelne noch nicht. Er hat das Recht auf eigene Probleme und deren Lösung noch gar nicht erworben.

Erst ein Staat, der als Rechtswesen auf jeden Absolutismus verzichtet, lässt dem Einzelnen den Freiraum, sich selbst zu bestimmen. Insofern ist es eine Errungenschaft der Aufklärung, dass Hilfe nicht grundlos von oben herab befohlen werden kann, sondern vom Einzelnen gewollt und von der Gemeinschaft akzeptiert werden muss, ehe sie geleistet wird. Erst die begründete Hilfe ist Hilfe und nicht Fremdbestimmung. Erst die bewilligte Hilfe ist Hilfe und betrügt nicht die Gemeinschaft. Jeder hat das Recht und die Pflicht, seine eigenen Probleme zu lösen – und wenn das nicht gelingt, oder wenn es sich nicht nur um seine eigenen, sondern auch um Probleme anderer handelt, dann greift die nächsthöhere staatliche Ebene die Probleme auf. Derart ist das Subsidiaritätsprinzip Voraussetzung und bewährte Praxis aller föderalen Staaten und Staatengemeinschaften sowie zentrales Element der sozialen Marktwirtschaft.

Wer das bedingungslose Grundeinkommen ägyptisch versteht, für den wirkt es fatal. Gleich wie in der Pharaonenzeit kommt alles Gute wieder von oben anstatt von unten; von Vater Staat anstatt von mündigen Bürgern; vom abstrakten Absoluten anstatt vom konkreten Einzelnen. Anstatt dass der Einzelne sich selbst bestimmt und außerdem über seine Familie, sein Dorf, seine Region, sein Land und seinen Kontinent mitbestimmt, wird er von monetären Zwangsausschüttungen abhängig gemacht. Das stellt nicht nur eine Bevormundung, sondern zugleich eine Verschwendung dar.

Doch auch die nostalgische Selbsthilfe-Subsidiarität geht von politischen und wirtschaftlichen Verhältnissen aus, die zwar nicht mehr zur Pharaonenzeit, aber auch nur noch bis zur Zeit der Aufklärung gegolten haben. Heute sind sie längst überholt. Wirtschaft ist heute Weltwirtschaft. Politik ist heute Weltpolitik. Wir leben zwar an unterschiedlichen Orten, aber in ständiger wirtschaftlicher und politischer Abhängigkeit. Abstimmen und einkaufen tun wir im *global village*. Dem Klima ist Subsidiarität ebenso egal wie der Arbeitsteilung. Der Einzelne und die Weltgemeinschaft – sie befinden sich inzwischen auf Augenhöhe. Wie lassen sich in dieser Situation die Freiheit des Einzelnen und die Anforderungen der Gemeinschaft verbinden?

Die große Herausforderung dieser Tage ist die Freiheit der anderen. Für die Freiheit der anderen bin ich selbst mitverantwortlich. Nehme ich diese Aufgabe richtig wahr, setze ich andere frei. Ich sorge für sie, damit sie für mich sorgen können. Dieser Gedanke kehrt das klassische Prinzip der Subsidiarität um: Es geht nicht mehr um Hilfe zur Selbsthilfe, nicht mehr darum, wie ich meine Aufgaben am besten lösen kann, sondern es geht um Hilfe zur Fremdhilfe, darum, wie ich anderen dazu verhelfen kann, mir zu helfen. Ich bin nicht mehr für mich, sondern für andere, und andere sind für mich tätig. Das sind die real existierenden Sozialleistungen, die wir füreinander erbringen.

Das bedingungslose Grundeinkommen ist keine Sozialleistung. Es ermöglicht Sozialleistung. Sozialleistung heißt: für andere tätig sein. Das sind wir in der arbeitsteiligen Gesellschaft immer. Das Grundeinkommen macht dies transparent – und überwindet eine subsidiäre Vorstellung, die aus einer Zeit stammt, in welcher der Einzelne zwar zu sich selbst erwachte, aber auch noch seinen Acker selbst bestellte. Das war seine Eigenverantwortung. Heute ist Eigenverantwortung immer Verantwortung für andere. Mit einem Grundeinkommen kann ich sie nach bestem Wissen und Gewissen übernehmen. Der andere kann mir erst zur Frage werden, wenn meine Existenz fraglos gesichert ist. Wenn jeder ein bedingungsloses Grundeinkommen erhält, erreicht Subsidiarität ihr eigentliches Ziel: den Einzelnen, der die moderne Welt zusammenhält.

Was ist gerecht?

Gerechtigkeit ist eine Frage des Gesichtspunkts. Einen Kuchen kann man unter verschiedenen Gesichtspunkten verteilen: numerische Gerechtigkeit (jeder erhält ein gleich großes Stück), Bedarfsgerechtigkeit (jeder erhält so viel, wie er Hunger hat), Leistungsgerechtigkeit (jeder erhält so viel, wie er zum Kuchen beigetragen hat), ökologische Gerechtigkeit (jeder erhält so wenig wie möglich, damit der Kuchen so lange wie möglich hält), Selbstgerechtigkeit (jeder nimmt, so viel er kann, den anderen weg).

Gerecht ist, wenn wir die verschiedenen Gesichtspunkte einer Frage stimmig abwägen und versuchen, der Sache sowie dem Einzelnen gerecht zu werden. Das ist der Balanceakt der Gerechtigkeit. Der Rechtsphilosoph Gustav Radbruch schreibt: »Die Gerechtigkeit enthält in sich eine unüberwindbare Spannung: Gleichheit ist ihr Wesen, Allgemeinheit ist deshalb ihre Form — und demnach wohnt ihr das Bestreben inne, dem Einzelfall und dem Einzelmenschen in ihrer Einzigartigkeit gerecht zu werden.«[66]

Das bedingungslose Grundeinkommen ist gerecht, weil es für alle gleich ist und zugleich jedem ermöglicht, anders zu sein. Das Grundeinkommen schafft eine gleiche Ausgangslage für alle, damit jeder sich individuell entwickeln kann. Die Möglichkeit freier Entscheidungen fördert Gerechtigkeit.

Man könnte einwenden, dass es ungerecht sei, Geld zu erhalten, ohne dafür gearbeitet zu haben. Das Argument ist jedoch ein Blindgänger. Gerecht ist, dass wir nicht erst arbeiten müssen, damit wir einen Lohn erhalten. In der nachträglichen Bezahlung liegt ein latentes Misstrauensvotum. Es ist ungerecht, jemandem zu unterstellen, er würde eigentlich nicht arbeiten wollen. Gerecht ist, dass uns niemand zu etwas verdonnern kann, was wir nicht wollen.

Noch mal: Es ist doch wohl ungerecht, dass jemand, ohne etwas zu leisten, einfach so ein Einkommen erhält, oder? Nein. Ungerecht ist vielmehr, nicht zu sehen, was wir leisten, selbst wenn wir nicht lohnarbeiten. Es ist ungerecht, so zu tun, als wäre ausschließlich Erwerbsarbeit Arbeit.

Ja, aber ist es nicht wirklich ungerecht, dass auch die Reichen ein bedingungsloses Grundeinkommen erhalten würden? Nein, es wäre ungerecht, wenn sie keines erhalten würden. Es wäre ungerecht, würde man sie als Oberschicht aussondern. Und noch ungerechter wäre es für jene, die wenig Geld haben, da man ihnen das Grundeinkommen dann nur aus dem Grund gewähren würde, dass sie knapp bei Kasse sind. Sie wären sofort als Ungleiche abgestempelt. Das ist ungerecht, weil jeder Mensch ein Mensch ist und das bedingungslose Grundeinkommen nicht Arme oder Reiche, Kluge oder Dumme, sondern den Menschen adressiert.

Wer nichts wagt, wird waghalsig

Was wäre das Schlimmste, was passieren könnte, wenn das bedingungslose Grundeinkommen eingeführt wird? Das Beste! Nämlich: dass die Wahrheit ans Licht kommt. Es könnte ja sein, dass die anderen über die Zukunft ganz anders denken als ich – und nun plötzlich umsteuern wollen. Das wäre schmerzhaft. Es wäre jedoch vor allem gut, wenn das endlich mal geklärt wäre.

Mit einem Grundeinkommen passiert nichts Schlimmes, sondern nur das, was wir wollen. Schlimm ist, was passiert, solange es noch kein Grundeinkommen gibt: Solange hört die größte Versicherungsagentur der Welt auf den Namen Ausrede. Ihr wird alles in die Schuhe geschoben, was man zwar nicht gewollt, am Ende aber dennoch getan hat oder was man anscheinend gewollt, am Ende jedoch nicht getan hat. Das ist tragisch und hört mit einem Grundeinkommen auf. Die Ausreden brechen zusammen. Das bedingungslose Grundeinkommen organisiert den Ausverkauf der Ausreden.

Die Befürchtungen sind groß, was wohl geschehen würde, wenn das bedingungslose Grundeinkommen eingeführt wird: Der Gesellschaftsvertrag würde gekündigt, die Wirtschaft bräche zusammen, niemand arbeitete mehr, wir würden unseren Wohlstand aufs Spiel setzen, keiner bildete sich mehr aus, jeder zöge sich zurück und bliebe zuhause. So denken wir voneinander.

Gegen die Wahrheit lässt es sich nicht versichern. Die Wahrheit versichert einen seiner selbst. Dieses Risiko muss man eingehen wollen – oder sich mehr schlecht als recht mit der Unwahrheit arrangieren. Sollten wirklich alle außer mir wieder in der Steinzeit leben wollen, dann käme das mit einem Grundeinkommen ans Tageslicht. Und das ist auch gut so! Denn warum sollten wir Wohlstand nennen, was keiner als solchen empfindet? Anders gesagt: Je weniger so leben, wie sie leben wollen, desto riskanter wird auf Dauer das Zusammenleben. Das Zusammenleben ist umso waghalsiger, je mehr Menschen nicht so leben, wie sie leben wollen. Wer nicht so lebt, wie er will, der wird zu einer tickenden Zeitbombe.

Es könnte mit einem Grundeinkommen auch alles ganz anders kommen. Nämlich: dass fast alles so bleibt, wie es ist. Nur dass es jetzt freier und selbstbestimmter ist. Es könnte ja sein, dass Arbeitsteilung und Fremdversorgung, Tätigkeit und Gerechtigkeit von den meisten doch geschätzt werden. Und dass sie mit einem Grundeinkommen endlich nicht mehr unterschätzt werden.

Ob mit dem Grundeinkommen das böse oder das gute Erwachen kommt, deutet sich im Gespräch an. Von Mensch zu Mensch. Ins Mittelalter zurück wollen die wenigsten. Die meisten wollen das strukturelle Mittelalter überwinden, in dem wir noch immer verharren, zumindest was unsere Selbstversorgungsphantasien betrifft.

Im Mittelalter tritt die Bestimmung des Menschen von außen als Schicksal an ihn heran. Er ist schicksalsohnmächtig. Diese Schicksalsergebenheit begründet zugleich seine Würde. Die Würde der Neuzeit liegt in der Schicksalsmächtigkeit. In der Gestaltung unseres Schicksals liegt heute unsere Würde.

Wer kommt, wenn das Grundeinkommen kommt?

Die Gründe dafür, seine Heimat zu verlassen, sind vielfältig. Einige fliehen vor Hunger und Krieg, andere vor schlechtem Wetter und unfreundlichen Nachbarn. So oder so gilt, dass man dort, wo man hinkommt, zunächst das ist, was man zuletzt dort, wo man herkam, gewesen ist: fremd.

Fremde und Heimat verschwinden in der globalisierten Welt. Das zeichnet sich immer mehr ab. Mit den Waren zirkulieren auch die Menschen um den Globus. Zwar nicht so drastisch, aber wer kennt nicht schon jetzt einen Pendler, der jeden Tag eine längere Strecke zur Arbeit fährt, einen Kollegen, der eine Zweitwohnung in der Nähe der Firmenzentrale besitzt, oder einen Geschäftsmann, der sich nur noch im Flieger zu Hause fühlt?

Die Gründe, sich eine neue Heimat zu suchen, sind ebenso vielfältig wie die Gründe, die alte zu verlassen. Manchmal sind es Chancen auf Frieden und Sicherheit, manchmal auf Wohlstand und Selbstverwirklichung, manchmal landschaftliche oder kulturelle Vorlieben.

Die Flüchtlingsdramen, die wir derzeit erleben, erschüttern. Viele Menschen, die auf beschwerlichen Wegen die Festung Europa zu erklimmen versuchen, tun dies nicht, weil sie niedrigere Temperaturen und unfreundlichere Menschen kennenlernen wollten – oder weil sie ihrer Kultur überdrüssig geworden wären. Sie tun es aus dem einfachen Grund, dass ihnen dort, wo sie herkommen, die Lebensgrundlage fehlt. Es handelt sich um Existenzsicherungsmigration, nicht um Selbstverwirklichungsmigration.

Die Existenz eines jeden Menschen ist es wert, gesichert zu werden. Deshalb gibt es kein besseres entwicklungspolitisches Instrument als das bedingungslose Grundeinkommen. Vielen Menschen fehlt vor Ort vor allem ein Einkommen, um tätig werden zu können. Genug zu tun gibt es überall. Wer meint, dass Arbeit fehlt, ist blind oder zynisch.

Wenn wir uns nicht darum kümmern, wie es den anderen geht, dann geht es ihnen und uns gleichermaßen schlechter. Es ist eine Illusion, zu glauben, irgendwelche Grenzen oder gar Zäune würden den weltweiten menschlichen Zusammenhang trennen. Wir sind miteinander verbunden, und je mehr wir dafür Sorge tragen, diese Verbindung zu pflegen, desto weniger werden Menschen aus existenzsichernden Motiven migrieren.

Die Befürchtung, mit einem Grundeinkommen würde die Migration zunehmen, ist unbegründet. Das Grundeinkommen wirkt migrationsneutral. Migrationsfragen regelt das Einwanderungsgesetz. Es wird durch das Grundeinkommen weder verschärft noch gelockert. Der Anreiz, für Sozialleistungen nach Europa zu kommen, besteht bereits heute. Nur: Darum geht es gar nicht. Das Hauptmotiv der Migration ist die Existenzbedrohung in der Heimat.

Freilich: Das bedingungslose Grundeinkommen könnte eine Sogwirkung entfalten – als Exportschlager. Jedes Land, das Interesse an einer funktionierenden Gesellschaft hat und die Auswanderung seiner Einwohner verhindern will, wird an einem Grundeinkommen früher oder später nicht vorbeikommen. Wer seine Aufgabe gefunden hat, fragt sich nicht, ob sie woanders besser bezahlt wird, sondern freut sich, dass er sie ergreifen kann. Das bedingungslose Grundeinkommen ermöglicht, die Aufgaben dort zu ergreifen, wo sie am offensichtlichsten sind, und anderen dabei zu helfen, denen es nicht gelingt.

Etwas Besseres nicht zu wollen, weil es anderen ebenfalls zugutekommt, ist absurd. Etwas Gutes nicht zu tun, weil es anderen ebenfalls hilft, ist richtig schlecht. Würde sich eine Gesellschaft bemühen, nicht besser zu werden, nur damit andere es auch nicht werden, würde die Menschheit nichts erfinden und entwickeln. Sich des Fortschritts zu verweigern, um ihn andern zu verwehren, ist besonders rückständig.

Gute Ideen entfalten ihre eigene Dynamik: Zunächst wollen alle mitmachen, dann wollen es alle besser machen. Gut möglich also, dass anfangs die ganze Menschheit in der Schweiz ein Grundeinkommen beziehen möchte. Das ist unmöglich. Gut möglich also, dass ein Grundeinkommen dann auch überall dort eingeführt wird, wo nicht die Schweiz ist. Gut möglich also, dass das nächste Schweizer Exportprodukt nicht Käse oder Schokolade, sondern eine Idee ist: das bedingungslose Grundeinkommen.

Das bedingungslose Grundeinkommen ist an der Zeit. Warum sollte die Schweiz nicht der erste Ort sein, an dem es an der Zeit ist?

Grundeinkommen als Grundeigentum

Vielen scheint das bedingungslose Grundeinkommen eine ganz nette, jedoch völlig verrückte Idee: Jeder soll, unabhängig von seinem Gehalt, ein Einkommen erhalten, das ihm als Bürger zusteht. Einfach so. Weil er ein Bürger ist. Bedingungslos. Es sei nicht zu finanzieren, sagen die einen. Es sei ungerecht, sagen die anderen. Es mindere die Arbeitsmotivation, sagen die einen. Es subventioniere die Löhne, sagen die anderen. Es sei Kapitalismus, schimpfen diese. Es sei Sozialismus, fürchten jene.

Warum kam die Idee überhaupt auf? Der Sozialstaat bismarckscher Prägung funktioniert dauerhaft nur dann, wenn traditionelle Familienformen, eine geringere Lebenserwartung sowie das ununterbrochene Beschäftigungsverhältnis die Regel sind. Werden sie zur Ausnahme, werden Arbeit, Lebenspartner und Wohnsitz häufiger gewechselt, wechseln sich Ruhe- und Schaffensphasen unregelmäßig ab, schaffen immer mehr Maschinen materiellen Wohlstand, dann gilt es nicht, Beschäftigung zu sichern, sondern zu ermöglichen. Dann geht es nicht darum, Almosen zu verteilen, sondern Chancen zu eröffnen. Das tut ein bedingungsloses Grundeinkommen.

Bereits Thomas Morus forderte im 16. Jahrhundert zur Verbrechensbekämpfung anstelle der Todesstrafe eine Einkommensgarantie. Thomas Paine wollte im 18. Jahrhundert jeden Bürger für seine naturrechtlichen Ansprüche auf ein Stück Land mit einer Pauschalzahlung entschädigen. Und John Stuart Mill wollte im 19. Jahrhundert jedem eine basale Grundversorgung zugestehen, damit er seine Fähigkeiten besser einbringen kann.

Versteht man das Grundeinkommen nicht als Sozialleistung, sondern als Grundrecht, dann sind vor allem Thomas Paines Gedanken aus seiner Schrift *Agrarische Gerechtigkeit* (1796) aufschlussreich: Weil nicht jedem mit der Geburt ein Stück Land zur Verfügung gestellt werden könne, da dies durch das Privateigentum unmöglich geworden sei, müsse ein Grundeinkommen für diesen Verlust entschädigen – und zwar jeden, »ob arm oder reich«, weil »alle Personen darauf gleichermaßen ein Anrecht besitzen, ungeachtet ihres selbst erarbeiteten, ererbten oder anderweitig geschaffenen Vermögens«.[67]

Was zu Paines Zeiten galt, gilt heute erst recht: Ein Stückchen Land hilft keinem weiter, da wir die agrarische Selbstversorgungsökonomie längst hinter uns gelassen haben. So gesehen, ist das Grundeinkommen ein Grundeigentum, um im 21. Jahrhundert sein Leben zu unternehmen.

Das Grundeinkommen ist kein sozialistisches Realexperiment und auch keine neoliberale Vorhölle auf Erden, sondern ein dritter Weg: Es ist sozialistischer als jeder Sozialismus, da es jedem einen Mindestbetrag unabhängig von seiner Leistung und unter Ausschluss von Arbeitszwang garantiert, ohne dabei auf die marktwirtschaftliche Wertschöpfung samt der ihr innewohnenden Kraft der Innovation und Rationalisierung zu verzichten. Damit ist das Grundeinkommen zugleich kapitalistischer als jeder Kapitalismus, da es jeden mit einer Konsumpauschale ausstattet, durch die sich der ökonomische Wettbewerb erst wirklich frei – weil sozial abgesichert – entfalten kann.

Das bedingungslose Grundeinkommen fordert einen Systemwechsel im Kopf. Es bricht mit der bisherigen Rhetorik des Förderns und Forderns, des Sicherns von Arbeitsplätzen, des Anreizens der Arbeitslosen. Es will den ganzen Menschen, aber es will nirgends hin mit ihm. Es überlässt jedem seine individuelle Planwirtschaft und uns allen die soziale Marktwirtschaft. Es stellt frei und sichert ab – die vornehmsten Aufgaben der Gegenwart.

Und wer bezahlt das alles?

Wer soll das bedingungslose Grundeinkommen bezahlen? Das ist die beste aller falschen Fragen. Das Grundeinkommen muss nicht bezahlt, sondern verstanden werden. Es handelt sich monetär um ein Nullsummenspiel. Es ist kein zusätzliches, sondern ein grundsätzliches Einkommen. Es führt nicht zu mehr Geld auf dem Konto, sondern dazu, dass sich das Geld auf dem Konto anders zusammensetzt. Neu auf dem Konto ist das bedingungslose Grundeinkommen. Dafür sinken in der Regel die bisherigen Einkommen um die Höhe des Grundeinkommens. Der Kontostand bleibt gleich.

Das bedingungslose Grundeinkommen bildet den Sockel der bestehenden Einkommen. Diese Bedingungslosigkeit kostet nicht Geld, sondern Vertrauen. Wer das versteht, hat keine Bezahlfrage, sondern eine Erzählfrage: Was würde das bedingungslose Grundeinkommen bewirken? Bei mir? Bei meinen Nachbarn? In der Schule? Auf der Arbeit? In der Politik?

Bedingte Einkommen kennen wir. Wir alle verfügen heute über ein mehr oder weniger bedingtes Grundeinkommen in Form von Erwerbs- oder Vermögenseinkommen, privaten oder staatlichen Transfereinkommen. Ohne Einkommen lässt es sich heute nicht leben. Die staatlichen Transfereinkommen stammen aus Steuern und Sozialabgaben. Ihr Bezug ist an Alter, Arbeitslosigkeit oder Krankheit gebunden. Das bedingungslose Grundeinkommen ist kein Einkommen, welches nur jene erhalten, die es benötigen. Es ist keine Sozialleistung, kein Almosen und kein Lohn. Es ist kein Kaufvorgang, kein Tauschgeschäft und kein Geschenk. Es ist begründet in der Einsicht, dass jeder, der heute lebt, ein Einkommen zum Leben braucht. Es fragt, ob es nicht vernünftig wäre, in Zukunft keine Bedingungen mehr an die Existenzsicherung zu stellen.

Wollen wir die Existenzsicherung bedingungslos gewährleisten, stellt sich die Frage, wie wir das Grundeinkommen transferieren. Diese Frage ist nicht Gegenstand der jetzigen Volksinitiative. Dennoch: Verschiedene Modelle werden bereits diskutiert und verschiedene Steuerarten miteinander verglichen. Die einen setzen auf eine Reichensteuer, andere finden die Mehrwertsteuer geeignet, wiederum andere wollen die Finanzierung des Grundeinkommens über Finanztransaktionssteuern lösen. Allen gemeinsam ist, dass sie Finanzierungsvorschläge favorisieren, deren Anliegen über das bedingungslose Grundeinkommen hinausführen. Wenn wir das bedingungslose Grundeinkommen wollen, wird die Frage, wie wir es transferieren wollen, das nächste große Thema sein.[68]

Es ist nicht verwunderlich, dass in Sachen Grundeinkommen schon unzählige Zahlen kursieren. Es wird versucht, Finanzierungsmodelle zu bestätigen oder zu widerlegen. Das ist nicht falsch, verwirrt jedoch oftmals mehr, als es hilft. Denn wer sich und sein Modell beweisen will, der operiert kurzerhand mit Annahmen, die alles ganz logisch und selbstverständlich oder völlig absurd und unrealistisch erscheinen lassen.

Die Finanzierungsfrage wird auch dazu verwendet, das subjektive Nicht-Wollen objektivistisch zu tarnen. Wer das Grundeinkommen nicht will, sagt lieber, dass es nicht zu finanzieren sei, als dass er es den anderen nicht zutraue. Das Schicksal, einer Pseudofrage ausgeliefert zu sein, die gar nicht das fragt, was sie zu fragen vorgibt, betrifft nicht nur das Grundeinkommen: Die Finanzierungsfrage ist in einer Zeit, die Zahlen den Worten vorzieht, das bevorzugte Ausweichmanöver aller Abgeneigten geworden. Wer einer Sache attestiert, nicht finanzierbar zu sein, der tut dies nicht selten im Bewusstsein, ein Totschlagargument zu verwenden, das jede weitere Erörterung überflüssig erscheinen lässt. Dabei unterschlägt er die wesentliche Erkenntnis des Theologen Oswald von Nell-Breuning: »Alles, was sich güterwirtschaftlich erstellen lässt [...], das lässt sich auch finanzieren unter der einzigen Bedingung, dass man es ehrlich und ernstlich will.«[69]

Die eigentliche Finanzierungsfrage des Grundeinkommens ist die Frage nach den Auswirkungen der Bedingungslosigkeit: Welche Folgen hätte das bedingungslose Grundeinkommen für die wirtschaftliche und gesellschaftliche Entwicklung? Würde es lähmen oder dynamisieren? Würde es hemmen oder befreien? Würden wir motivierter und wahrnehmungsfähiger für das, was zu tun ist, tätig sein? Oder würden wir aufhören zu arbeiten und uns nicht mehr engagieren? Das sind Forschungsfragen, die nicht Finanzierungsmodelle, sondern nur wir selbst beantworten können. Der Wirtschaftsjournalist Wolf Lotter resümiert deshalb bezüglich des Grundeinkommens: »Die Finanzierbarkeit ist gewährleistet. Freiheit ist die schwierige Übung.«[70]

Die Machtumverteilung

Wer hat eigentlich Macht? Wer etwas macht? Ja, wenn er das tut, was er will. Wer das tut, was er will, hat Macht. Wer etwas tun muss, was er nicht will, ist ohnmächtig. Macht zeugt von Können, Fähigkeit, Vermögen. Ohnmacht besagt, etwas nicht zu vermögen.

Haben jene Macht, die Geld haben? Ja, weil sie tun können, was sie wollen, und nicht tun müssen, was andere wollen. Wer Geld hat, kann außerdem bestimmen, was andere tun. Was er nicht tun will, kann er andere für Geld tun lassen. Es sei denn, sie haben ebenfalls Geld. Dann verliert Geld seine Bestimmungsmacht. Dann hat Macht, wer etwas macht. Wenn alle Geld haben, muss niemand etwas tun, was er nicht will.

Nicht nur Geld macht mächtig, auch Wissen. Wissen ist Macht. Machtlos ist der Unwissende. Macht ist außerdem dort, wo wir hinschauen. Deshalb haben Medien Macht. Sie können zwar nicht bestimmen, dass wir hinschauen, wenn wir aber hinschauen, lenken sie den Blick.

Was ändert das bedingungslose Grundeinkommen an den bestehenden Machtverhältnissen? Die Existenzangst verliert an Boden. Existenzangst macht ohnmächtig. Wer mit Existenzangst im Leben steht, ist verführbarer als jener, der sich nicht um sein Überleben kümmern muss. Wessen Existenz gesichert ist, der steht ungleich freier da als jener, dessen Existenz ständig infrage steht.

Wer etwas tun muss, ist gegenüber jemandem, der etwas tun will, nicht gleichermaßen zurechnungsfähig. Handeln aus Not beschränkt die Verantwortlichkeit. Wir können jemanden, der etwas nicht tun wollte, sondern musste, weniger zur Verantwortung ziehen als jemanden, der etwas freiwillig getan hat. Freier Wille macht schuldfähig. Für eine unfreie Tat ist derjenige mitverantwortlich, der die unfreie Situation unterstützt hat.

Macht heißt nach Max Weber, seinen Willen gegen den anderer durchsetzen zu können.[71] Das sei nicht Macht, sondern Gewalt, so Hannah Arendt.[72] Macht und Gewalt sind Gegensätze. Wer keine Macht hat, greift zur Gewalt. Gewalt demonstriert Machtlosigkeit. Gewalt ist Fremdbestimmung. Macht ist Selbstbestimmung. Macht begeistert. Macht ermöglicht. Macht lässt andere mitmachen.

Macht hat in Zukunft, wer etwas kann, was Maschinen nicht können. Macht hat, wer selbst denkt. Macht hat, wer frei entscheidet. Macht hat, wer nicht muss. Das bedingungslose Grundeinkommen ermächtigt zur Selbstermächtigung. Die Macht wird umverteilt. Sie liegt nun ganz und gar in den Händen des Einzelnen.

Wer dafür ist

Akt der Befreiung

»Aufgabe der Wirtschaft, abgesehen von der Güterproduktion, ist es, die Menschen von Arbeit zu befreien. [...] Wir leben in paradiesischen Zuständen. Die Frage ist, wie wir es fertig bringen, allen Menschen den Zugang zu dem zu ermöglichen, was die Gesellschaft hervorbringt. [...] Wir brauchen kein Recht auf Arbeit. Wir brauchen ein Recht auf Einkommen. Auf ein bedingungsloses Grundeinkommen. [...] Die Unternehmer würden an Macht verlieren, die Gewerkschaften, die Politiker würden ebenfalls an Macht und Einfluss verlieren. Aber jeder Bürger würde gewinnen. An Würde und Sicherheit. An wirklicher Freiheit.«[73]

Götz W. Werner
Unternehmer, dm-drogerie markt

Verteidigung der Demokratie

»In einer Welt, in der die Bedeutung der Erwerbsarbeit immer mehr abnimmt, ist das Grundeinkommen eine der dringlichsten Ideen überhaupt. Die Arbeitslosigkeit wird steigen und es ist längst nicht mehr sicher, dass jeder immer Arbeit hat. Aber es ist in jedem Fall sicher, dass der Mensch immer essen muss! Das Grundeinkommen verhindert, dass ein Mensch in Existenzangst zurückgeworfen wird und verzweifelt. So gesehen ist ein geregeltes Grundeinkommen auch ein Beitrag zur Verteidigung der Demokratie, des Gesellschaftsvertrags und eigentlich der Zivilisation insgesamt.«[74]

Jean Ziegler
Politiker, SP

Zeitgemäßes Bürgerrecht

»Wollen wir den Zwang eines jeden, sich im Wettbewerb zu verkaufen? Oder eben die grundlegende Alternative: eine zivilisierte, hoch entwickelte Gesellschaft mit zeitgemäßen Bürgerrechten, zu denen eben auch sozioökonomische Rechte gehören? [...] Wenn jeder ein bedingungsloses Grundeinkommen erhält, gibt es keine Stigmatisierung mehr. Ein allgemeines Bürgerrecht zu haben ist etwas ganz anderes, als zu den ›Versagern‹ zu gehören, die auf ›Sozialhilfe‹ angewiesen sind.«[75]

Peter Ulrich
Ökonom, Universität St. Gallen

Faulheit lohnt sich nicht

»Mit dem Grundeinkommen würde die Gesellschaft nicht der allgemeinen Faulheit anheimfallen. Im Gegenteil: Dank des Grundeinkommens wäre man nicht mehr darauf angewiesen, möglichst viel Geld zu generieren, und könnte sich eine Lehre in einem Tieflohnbetrieb leisten. [...] Seit fünf Jahren genieße ich die Freiheit zu tun, was ich will. [...] Diese neue Freiheit war für mich ein zentrales Erlebnis. Ich glaube, das wäre die Wirkung eines bedingungslosen Grundeinkommens für alle. [...] Das wäre eine gerechtere Welt. Eine mit weniger Arbeitslosen, mit mehr Menschen, die tun könnten, was sie wirklich tun möchten.«[76]

Oswald Sigg
Politiker, SP

Vollbeschäftigung ist rückständig

»Das bedingungslose Grundeinkommen sehe ich als zwangsläufige Folge der wirtschaftlichen Entwicklung unserer Zeit. Das liegt daran, dass wir Maschinen bauen, die uns schwere, monotone Arbeit abnehmen. Es gibt immer weniger Arbeitsplätze, an denen Menschen schuften müssen. Das ist gut. Doch dabei das Ziel der Vollbeschäftigung zu haben, halte ich für rückständig. Das sorgt nur dafür, dass wir immer mehr Menschen in Leiharbeit, in prekäre Jobs, in Halbtagsjobs stecken – und in reine Beschäftigungsmaßnahmen.«[77]

Marina Weisband
Politikerin, Piraten

Transparenz belebt das Geschäft

»Ich glaube, man muss das Grundeinkommen vor dem jetzigen bestehenden System beurteilen, das wahnsinnig kompliziert ist. […] Dieses System ist unhaltbar, und die Initiative des Grundeinkommens zwingt uns, die richtigen Fragen zu stellen, nämlich die, wie wir es vereinfachen können. […] Das Entscheidende am Grundeinkommen ist Transparenz. Transparenz und Einfachheit ist das, was uns erlaubt, eine direkte Demokratie durchzuführen. […] Die Frage der Anreizproblematik wird vollkommen aus den Proportionen geholt und aufgeblasen. Das ist ein Totschlagargument, auf das wir besser nicht hören sollten.«[78]

Klaus W. Wellershoff
Ökonom, Wellershoff & Partners

Schlachtung der heiligsten Kuh

»Die Initiative für das Grundeinkommen schlachtet unsere heiligste Kuh und geht dem Grundsatz ›Wer nicht arbeitet, soll auch nicht essen‹ an den Kragen. Das kann man kaum toppen. Die Initiative stellt Fragen zu Sinn und Unsinn von Arbeit, zu Ausbeutung und Recht auf Leben. Sie fragt, was Pflicht ist und ob Arbeit zu Hause mit Kindern, Alten, Behinderten und Blumen nicht bezahlt sein soll. Sie stellt Fragen bezüglich aufgeblasener Sozialapparate und Kapitalismus. […] Die Schweiz debattiert. Gut so!«[79]

Linard Bardill
Liedermacher

Zeit für die wichtigen Dinge

»Die meisten Leute – auch wenn sie schlecht bezahlte Arbeit leisten – haben Freude daran, etwas beizutragen zum Wohl aller. Unsere Arbeitswelt ist aber sehr stark am Geld orientiert. Jede Minute muss abgerechnet werden. Das sieht man in Pflegeberufen: Zeit für den Patienten ist nicht mehr vorgesehen. Das Grundeinkommen würde bewirken, dass wir uns die Frage nach dem Sinn der Arbeit mit weniger Existenzängsten stellen könnten. Die Menschen könnten sich Zeit für die wichtigen Dinge im Leben nehmen. Bis dahin ist es ein langer Weg, und wir müssten neu denken, was Arbeit überhaupt bedeutet.«[80]

Judith Giovannelli-Blocher
Schriftstellerin

Sozial ist, was Freiheit schafft

»Nach Einführung eines bedingungslos an alle ausgegebenen Grundeinkommens geht es beim Arbeiten nicht mehr um die Sicherung der Existenz […], sondern – wesentlich bedeutsamer: um den Sinn der Arbeit selbst und damit verbunden: um Steigerung der Lebensqualität – sei dies die eigene oder die der Gemeinschaft. Sozial ist nicht mehr, was Arbeit schafft, sondern was Freiheit schafft – die Freiheit, das zu tun, was man selbst für nötig und für richtig hält.«[81]

Ralph Boes
Aktivist, Bundesagentur für Einkommen

Zwangsmaßnahmen fallen weg

»Die Sanktionen der Jobcenter halte ich für falsch und mit der Würde der Menschen nicht vereinbar. Die Sanktionsmöglichkeit mit dem damit verbundenen Repressionssystem ist einer der Fehler der Hartz-IV-Regelung. Ich setze mich deshalb seit Längerem für die Abschaffung ein. […] Seit mehreren Jahren bin ich für die mittelfristige Einführung eines bedingungslosen Grundeinkommens vor allem deshalb, weil im Unterschied zur Hartz-IV-Regelung dann die Zwangsmaßnahmen wegfallen.«[82]

Hans-Christian Ströbele
Politiker, Die Grünen

Ende der Existenzangst

»Für mich sind drei Dinge zentral: Zum einen, dass man mit einem Grundeinkommen in der Gesellschaft Existenzangst ausschließen kann. […] Der zweite Grund ist ein radikaldemokratischer Impuls: Ich sehe im bedingungslosen Grundeinkommen eine Art Demokratiepauschale. […] Der dritte Grund ist tatsächlich, dass ich im bedingungslosen Grundeinkommen ein Transformationsprojekt sehe. Es ist zwar keine Garantie dafür, dass der Kapitalismus überwunden wird. Aber zumindest wäre es mit dem Grundeinkommen wesentlich leichter, für mehr Wirtschaftsdemokratie, für Formen von solidarischer Ökonomie zu kämpfen.«[83]

Katja Kipping
Politikerin, Die Linke

Marktwirtschaft wird menschenfreundlich

»Das bedingungslose Grundeinkommen gibt Sicherheit, gewährt Teilhabe und ermöglicht Initiative. Die Freiheit des Einzelnen bleibt meiner Meinung nach gewahrt, und wo sie bislang beschnitten war, wird sie möglich. Jeder Mensch hat eine solide wirtschaftliche Basis und kann sein eigenes Leben frei gestalten. Das bedingungslose Grundeinkommen macht unsere Marktwirtschaft sozial. Wer viel arbeiten will, kann das tun, wer reich werden will, kann das unternehmen, und bleibt doch auf einem Boden, der die Freiheit eines jeden von uns gleichermaßen gewährleistet.«[84]

Susanne Wiest
Aktivistin, Grundeinkommen im Bundestag

Bürokratie erübrigt sich

»Es sollte leicht sein, aufrichtige Kritiker von Bürokratie und Staatsverwaltung von den Vorzügen eines bedingungslosen Grundeinkommens zu überzeugen. Es erübrigte sich dann die amtliche Prüfung, ob eine Person arm, beschäftigungsfähig, nach ihren haushaltlichen Lebensverhältnissen anspruchsberechtigt oder in ihrer Autonomie und Würde verletzt ist. […] Die Folge wäre, dass am Arbeitsmarkt der Kern aller Freiheit, nämlich die Freiheit, ›nein‹ zu sagen, zur Geltung gebracht würde – wenn auch keineswegs die materiellen Anreize dafür beseitigt würden, […] zu den Chancen, die sich im Erwerbsleben bieten, ›ja‹ zu sagen.«[85]

Claus Offe
Soziologe, Humboldt-Universität Berlin

Global sozial gedacht

»Ein Grundeinkommen [...] tritt in verlässliche Vorleistung. Es gibt Sicherheit für unternehmerische, berufliche und gemeinschaftliche Tätigkeiten. Damit wird nicht die Gesellschaft verstaatlicht, sondern der Sozialstaat gesellschaftlich. [...] Die ›garantistische‹ Idee des Grundeinkommens ist anschlussfähig für liberale, konservative wie sozialdemokratisch-sozialistische Ordnungsvorstellungen. Sie passt damit in eine globalisierte Welt, in der der bismarcksche Sozialstaat zunehmend als ein Anachronismus erscheint.«[86]

Michael Opielka
Soziologe, Ernst-Abbe-Hochschule Jena

Rationalisierungsgewinn

»Die Gesellschaft wird nicht auf technische und soziale Innovationen verzichten, und sollte es auch nicht. Das bedeutet zwangsläufig auch Rationalisierung. Gleichzeitig gelingt es den entwickelten Arbeitsgesellschaften nicht, Rationalisierungsgewinne gerecht beziehungsweise zum Nutzen aller zu verteilen. Das Ergebnis sind Resttätigkeiten, Dequalifizierung und Arbeitslosigkeit für die einen und Arbeitsverdichtung, Selbstausbeutung und Erschöpfung für die anderen. [...] Ein Grundeinkommen macht genauso wenig faul, wie Erwerbsarbeit grundsätzlich fleißig macht. Der Mensch ist ein tätiges Wesen.«[87]

Theo Wehner
Arbeitspsychologe, ETH Zürich

Sozialpolitische Revolution

»Die soziale Marktwirtschaft setzt auf die Risikobereitschaft des Einzelnen. Das solidarische Bürgergeld stärkt die Bereitschaft, Risiko auch als Chance zu begreifen. Weil man nicht unter das Existenzminimum fällt, wird man eher bereit sein, ein Risiko einzugehen, kreativ zu sein. Statt Zwang und Kontrolle wird durch Vertrauen und Anreiz motiviert. Das solidarische Bürgergeld ist kein Sofa, sondern ein Sprungbrett. [...] Wir brauchen den Mut zu einer sozialpolitischen Revolution.«[88]

Dieter Althaus
Politiker, CDU

Prävention statt Reparatur

»Eine Sozialpolitik, die der neuen Lebenswirklichkeit Rechnung trägt, darf sich nicht darauf beschränken, Menschen in Not zu helfen. Sie muss verhindern, dass Menschen in Not geraten. Also Prävention statt Reparatur. Beschäftigung ermöglichen statt Beschäftigung sichern. Ermächtigen statt Bevormunden. Kurzum: Chancen eröffnen statt Almosen verteilen. Das Grundeinkommen ist auf die Zukunft ausgerichtet. Es sorgt dafür, dass alle [...] eine auf der Höhe des soziokulturellen Existenzminimums liegende staatliche Transferzahlung erhalten, die ohne Bedingung, ohne Gegenleistung, ohne Antrag und damit ohne bürokratischen Aufwand als sozialpolitischer Universaltransfer ausbezahlt wird.«[89]

Thomas Straubhaar
Ökonom, Hamburgisches Weltwirtschaftsinstitut

Für den aufrechten Gang

»Vielleicht müssen wir als Gewerkschaft unser Ziel der Vollbeschäftigung neu definieren. Vielleicht müssen wir sagen: Vollbeschäftigung ist nicht, dass jeder einer entlohnten Erwerbsarbeit nachgeht, sondern Vollbeschäftigung ist, dass jeder in dieser Welt so leben kann, wie er es gerne hätte. [...] Ein bedingungsloses Grundeinkommen ermöglicht aber auch denjenigen Leuten, die über eine gewisse Zeit auf Hilfe und Unterstützung angewiesen sind, dass sie nicht auf die Knie gehen müssen [...], sondern dass sie aufrecht weitergehen und den Weg für ihre Zukunft finden können.«[90]

Kurt Regotz
Gewerkschafter, Syna

Besser als jede Partei

»Wir alle wissen, dass wir einen Umbau der Arbeitsgesellschaft brauchen und eine Entkoppelung der sozialen Sicherungssysteme vom Faktor Arbeit. Wir alle denken über Grundeinkommen und Bürgergeld nach, aber keine Partei traut sich, das vorzuschlagen. [...] Wir wissen, dass immer mehr Leute Geld aus den sozialen Sicherungssystemen beziehen und immer weniger in sie einzahlen werden. Ein Umbau des Systems ist daher unausweichlich. Doch niemand geht an dieses Thema heran. Wir führen stattdessen Schönheitsoperationen an einem Krebspatienten durch.«[91]

Richard David Precht
Schriftsteller

Jenseits von Sanktion und Subvention

»Weder der Marktradikalismus, der den Menschen als anreizbedürftiges Wesen betrachtet, noch die fürsorgliche Volksbetreuung, die stets Beschäftigung per Subvention für das Höchste hält, will den Bürgern Selbstbestimmung ermöglichen. Was heute als ›Beratung‹ (›aktivierende Sozialpolitik‹) daherkommt und zugleich mit Sanktionen droht, ist Ausdruck der Hilflosigkeit angesichts des Scheiterns aller bisherigen Konzepte. [...] Unser Gemeinwesen kann nur bestehen, wenn wir Bürger frei sind, uns zu entscheiden, darauf gründet unsere freiheitlich-demokratische Ordnung – das Grundeinkommen wäre nur ihre Fortentwicklung.«[92]

Sascha Liebermann
Soziologe, Alanus Hochschule Alfter

Eine Frage der Würde

»Der Sozialstaat ist verdreht worden, es ist Zeit, ihn vom Kopf auf die Füße zu stellen. Zeit für das Grundeinkommen. 800 Euro für jeden. Und es möge niemand mit dem Leistungsethos einer vergangenen Epoche kommen. Oder mit dem Einwand, das Grundeinkommen sei unfair gegenüber jenen, die schwer für ihr Geld arbeiten. Leistung und Fairness sind nun gerade nicht mehr die prägenden Prinzipien unseres Systems. Es besteht zwischen Verdienst und Leistung keine Verbindung, und Fairness ist in diesem System Zufall. Der moderne Kapitalismus hat diese Werte über Bord gespült. Das Grundeinkommen aber gibt den Menschen ihre Würde zurück.«[93]

Jakob Augstein
Journalist, Der Freitag

Freiwillig ist wertvoller

»Wenn man es den Individuen überlässt, was sie zur Gesellschaft beitragen wollen, tun sie meistens etwas, das wertvoller ist, als wenn man sie dazu zwingt. Denn Menschen wollen grundsätzlich keine Parasiten sein – einige wenige vielleicht schon, aber nicht so viele, dass sie wirklich Schaden anrichten können. Mir gefällt das Beispiel der Gefängnisse: Auch in Hochsicherheitsgefängnissen werden Insassen relativ gut behandelt. Man gibt ihnen Essen und Unterkunft. Ihre Grundbedürfnisse sind gedeckt. Ihre Strafe besteht darin, dass sie nicht arbeiten dürfen. Jeder will doch arbeiten und etwas aus seinem Leben machen.«[94]

David Graeber
Ethnologe, London School of Economics

Entlastung des Staates

»Persönlich bin ich ein großer Fan des garantierten Grundeinkommens als einer kompletten Idee, um das Basiseinkommen von der Arbeit zu entkoppeln. [...] Ich bin nicht überzeugt davon, dass es andere Modelle gibt. [...] Wenn wir ein garantiertes Grundeinkommen haben, dann können wir viele Dinge, die im Moment der Staat zur Verfügung stellt, wieder privat lösen. Im Schulbereich. Im Wohnungsbereich. [...] Es würde zu mehr Flexibilität, zu mehr Kommerz und zu mehr Markt führen als die Lösungen, die wir im Moment verfolgen.«[95]

Albert Wenger
Investor, Twitter

Humanisierung der Arbeit

»Ob Sharing- oder On-Demand-Economy, die sich anbahnende Wirtschaftsordnung wird nur dann funktionieren, wenn sie mit einem bedingungslosen Grundeinkommen abgesichert wird. Will heißen: Jeder Mensch, ob Frau oder Mann, ob Kind oder Rentner, erhält automatisch einen Betrag, der ihm ein menschenwürdiges Leben ermöglicht. Das Grundeinkommen ist so gesehen keine Illusion weltfremder Romantiker, sondern die Voraussetzung für eine neue Arbeitswelt, eine Arbeitswelt, in der Menschen dank Robotern und künstlicher Intelligenz humaner arbeiten können, aber nur dann, wenn sie auch sozial abgesichert sind.«[96]

Philipp Löpfe
Journalist, watson.ch

Von Mensch zu Mensch

»Die Frage des bedingungslosen Grundeinkommens ist, ob ich die Person als Wesen anerkenne. Jede Person. Ob ich das wahrnehmen kann. Oder nicht. Wenn nicht, ist das deutlich. Dann sind Ethik, Moral und was es sonst noch gibt auch wesenlos. Dann sind sie eine Verhandlungsmasse. Und so wird es heute gehandhabt. Das bedingungslose Grundeinkommen macht nur deutlich. Es ist keine Weltverbesserung. Es hat auch kein besonderes Menschenbild. Es hat nur überhaupt eines.«[97]

Enno Schmidt
Maler

Die Welt wird rund

»Die flache Welt bedarf einer neuen Rundung. Das Entscheidende am bedingungslosen Grundeinkommen ist, dass es die Welt wieder runder macht. Es ist nicht die Antwort auf alle Fragen, aber es ist eine Technik, sich auf größere Fragen zu konzentrieren anstatt auf falsche Antworten. Das ist der kulturelle Ausgangspunkt der Initiative.«[98]

Adolf Muschg
Schriftsteller

Wie frei sind wir, wenn wir niemanden mehr zwingen?

Der Zwang der Freiheit

Das bedingungslose Grundeinkommen sei kein Weg zur Freiheit, sondern führe in die Knechtschaft. Das behaupten einige seiner Kritiker. Es sei eine sozialpolitische Überregulierung und gemeinmenschliche Überforderung. Es befreie bestenfalls eine Minderheit Kreativer, gebe jedoch ansonsten die fatale Losung aus: Ferien statt Fleiß, Lethargie statt Leistung, Kinder kriegen statt Brötchen backen.

Abgesehen davon, dass das Grundeinkommen keine Sozialleistung, sondern ein Grundrecht, keine Ausweitung, sondern eine Verschlankung der Bürokratie, keine Arbeitsverhinderung, sondern eine Arbeitsermöglichung, keine Steuererhöhung, sondern eine Steuerauszahlung darstellt, bleibt die Frage nach dem Zwang bestehen. Was ist es, das uns zwingt?

Als Zwang wird jene Freiheit erlebt, die einfach da ist. Sie ist da und geht nicht weg. Jedenfalls nicht, ohne dass ich mich entscheide, sie aufzugeben. Das Grundeinkommen lässt mich frei entscheiden, was ohne Grundeinkommen nicht unbedingt, aber erst recht nicht derart radikal zu entscheiden ist. Dank des Grundeinkommens führt die Frage, was ich will, nicht in die Knechtschaft, sondern wird zur Kardinalfrage. Die Welt diktiert mir nicht mehr, was ich zu tun habe, sondern fragt mich, was ich tun will. Das ist anstrengend – und sinnvoll. Denn: Wer auf

Dauer ohne eigene Fragen lebt, schadet sich selbst und anderen. Wer auf Dauer keine eigenen Entscheidungen trifft, verhindert seine Individualität.

Der Schriftsteller Adolf Muschg stellt die historische Bedeutung dieser Situation heraus: »Das Abendland hat mit der Frageform des Sokrates angefangen. […] Sokrates ist für seine Frageform zum Tode verurteilt worden – von der eigenen Polis. […] Dieses Risiko kann man keinem Menschen abnehmen. Aber man kann die Bereitschaft dazu, das Risiko einzugehen, erleichtern. […] Das bedingungslose Grundeinkommen ist die Erleichterung der Bereitschaft zu einem neuen Fragezeitalter. […] Es ist eine Phantasie- und Vorstellungsmitgift, die neue Antworten ermöglicht.«[99]

Der Zwang der Freiheit, also ihre faktische Gegebenheit, wird mit einem Grundeinkommen besonders deutlich, da der Zwang der Unfreiheit nachlässt. Es ist wie der Schmerz des Bohrens beim Zahnarzt: Der Zwang der Unfreiheit schmerzt, weil er mich fordert, obwohl dies längst nicht mehr gefordert ist. Wir leben im Überfluss und zwingen uns mangels Ideen den Mangel auf. Dieser Schmerz ist bitter – und von einer Art, wie er zu Zeiten des Mangels nie gewesen ist. Wenn Mangel herrscht, der von allen erlebt wird, ist klar, was zu tun ist: Jeder hilft mit, den Mangel zu beseitigen. Darin liegt die Würde und Selbstverständlichkeit des Tuns.

Der Zwang des Grundeinkommens ist der Zwang der Freiheit. Dieser Zwang ist der einzige, der einer liberalen Gesellschaft würdig ist. Wir lernen durch das Grundeinkommen die Nichthintergehbarkeit der Freiheit. Ergreifen wir die Freiheit, erübrigt sich der Zwang. Was wir aus Freiheit tun, gewinnt einen eigenen Wert. Es fügt der Welt nicht Zwangshandlungen, sondern Freiheitstaten hinzu.

Wer für das Grundeinkommen ist, der modernisiert den Zwang zum Zwang der Freiheit. Wer gegen das Grundeinkommen ist, der zwingt sich einen Zwang auf, den die Weltgeschichte seit Jahrtausenden zu überwinden sucht. Wer gegen das Grundeinkommen ist, der verwechselt den Schmerz der Geburt mit dem eines faulen Zahns. Das bedingungslose Grundeinkommen ist der Schmerz der Geburt. Es bringt den Menschen neu zur Welt, indem es ihn zu sich selbst kommen lässt. Das überkommene System von heute ist der faule Zahn. Faule Zähne werden gezogen.

Vertrauen als Leitwährung

Die Vertrauensfrage ist die Gretchenfrage des Grundeinkommens. Sie fragt nach dem Selbstverständlichen, das fraglich wird. Vertrauen ist selbstverständlich, sonst würden wir nicht leben können. Vertrauen ist die Leitwährung des Daseins. Das kleine Kind ist Urbild dieses Vertrauens. Es lebt hingegeben an die Welt in reinem Vertrauen.

Auch für Erwachsene gilt, dass wir uns bei fast allem, was wir tun, vertrauensvoll darauf verlassen, dass andere es richtig tun. Vom Benutzen eines Fahrstuhls über das Verhalten im Straßenverkehr bis hin zum Besteigen eines Flugzeugs vertrauen wir anderen. Aber wir vertrauen auch darauf, dass andere uns verstehen, dass der Preis, den wir bezahlen, fair ist und dass die Lebensmittel, die wir essen, nicht vergiftet sind.

Der Welt das Vertrauen zu entziehen, ist ein Vorgang der Individualisierung. Schenke ich mir selbst anstatt der Welt und den Mitmenschen Vertrauen, werde ich Einzelmensch, Subjekt, Individuum. Einerseits. Andererseits findet sich der Prozess der

Individualisierung aufgehoben in einer die Individualisierung tragenden Gesellschaft. Ohne andere werde ich nicht individuell. Ich werde es dank ihnen.

Das bedingungslose Grundeinkommen macht Vertrauen nicht überflüssig. Es erkennt vielmehr, dass jeder zum Leben bedingungslos etwas benötigt, das die Grundlage der Vertrauensbildung darstellt. Wer existenziell bedroht ist, dem kann ich nicht trauen. Er spielt die Notwendigkeiten seiner Existenz gegen mich aus. Wer frei von Existenzangst ist, ist frei für Vertrauensfragen. Wenn wir anderen vertrauen, werden sie erst wirklich verantwortlich und wollen das in sie gesetzte Vertrauen im Regelfall auch nicht enttäuschen.

Dem bedingungslosen Grundeinkommen gelingt zweierlei: Es sichert die Existenz des Einzelnen – und es macht ihn dadurch als Einzelnen vertrauensfähig. Es schafft kein Misstrauensproblem, denn dieses wird artikulierbar, sobald nicht sogleich das Überleben auf dem Spiel steht. Während wir uns heute immer wieder davor drücken, die Wahrheit zu sagen oder das Vertrauen zu entziehen, wenn es existenzbedrohlich wird, macht das bedingungslose Grundeinkommen Vertrauen frei verfügbar, indem es die Existenz sichert.

Nur wer sicher ist, ist frei

Sicher ist sicher. Wer sich sicher fühlt, muss sich nicht um die Sicherheit kümmern. Es entsteht ein Raum jenseits der Sicherheit. Es entsteht Freiheit.

Sicherheit kann auch ein Gefängnis sein. Das Versicherungsgefängnis. Jede Angst, gegen die wir uns versichern, erzeugt neue Ängste. So kann Sicherheit auch der Boden für Unfreiheit sein.

Und Unsicherheit der Boden für Freiheit. Einer Unsicherheit nicht zu erliegen, zeugt von Freiheit. Einer Angst nicht sogleich zu folgen, zeugt von Mut. Die Gewissheit über eine Unsicherheit kann Sicherheit bewirken und befreien. Bestenfalls erlaubt Sicherheit einen konstruktiven Umgang mit Unsicherheit. Existenzsicherheit ist eine gute Basis, sich den Unsicherheiten des Lebens zu stellen.

Sicherungen haben wir für den Fall, dass etwas passiert. Nicht erst, wenn es passiert. Dann ist es zu spät. Sicherungen sind vorausschauend. Nicht erst nach dem Kurzschluss ist eine Sicherung sinnvoll, sondern zuvor, damit der Kurzschluss erst gar keinen Schaden anrichtet.

Versicherungen sichern. Jeder gibt einen Betrag für den Fall, dass ein Schaden entsteht, in der Hoffnung, dass kein Schaden entsteht oder nicht ihn trifft, und für die Sicherheit, dass der Schaden, der ihn trifft, aus den Beiträgen aller behoben werden kann. Das Prinzip des Versicherns, das gemeinsame Tragen des Schadens von Einzelnen, ist solidarisch. Dass Versicherungen auch Spekulanten geworden sind, ist eine andere Geschichte.

Versicherungen sind gut für den Schadensfall. Dass der Mensch lebt, ist kein Schadensfall. Deshalb ist das Grundeinkommen keine Versicherung. Das Grundeinkommen versichert nicht, es sichert. Zur Existenzsicherung braucht es dann keine Versicherungen, wie sie die heutigen Sozialleistungen darstellen.

Gibt Freiheit Sicherheit? Ja. Freiheit gibt einem die Sicherheit, nicht tun zu müssen, was man nicht will. Freiheit ist eine Sicherung gegen Zwang. Freiheit gibt die Sicherheit, dass man nicht über den Tisch gezogen wird. Die Sicherheit, nicht mehr zu müssen, führt zur Freiheit, vieles zu können. Das ist das Freiheitsversprechen des Grundeinkommens.

Geld als liberaler Gutschein

Geld ist ein Gutschein. Gutscheine sind jedoch kein Geld. Geld ist ein Gutschein, der für alles anwendbar ist, was sich mit Geld kaufen lässt. Die Auswahl ist sehr groß, und die Entscheidung liegt bei dem, der mit Geld bezahlt.

Ein Gutschein ist immer nur für das gut, was draufsteht. Mit einem Kaffeegutschein gibt es Kaffee, aber kein Bier. Die Funktion des Gutscheins bestimmt nicht derjenige, der den Gutschein in Händen hält, sondern derjenige, der ihm den Gutschein vermacht hat. Mit Geld kann man bezahlen. Gutscheine kann man einlösen.

Gutscheine kann man mit Geld kaufen. Anstatt jemandem Geld zu schenken, kauft man ihm einen Gutschein. So lässt sich bestimmen, was der andere mit dem Gutschein machen kann. Mit Geld könnte er machen, was er will. Mit dem Kinogutschein kann er nur ins Kino gehen. Er kann den Film auswählen, aber nicht stattdessen ins Theater oder essen gehen.

Wenn das Grundeinkommen als Gutschein für einen Warenkorb ausgegeben würde, der das vermeintlich Lebensnotwendige enthält, würden wir uns als Staat so aufspielen, als ob wir wissen und bestimmen müssten, was der Einzelne braucht. Wir würden Skepsis und Misstrauen dem Einzelnen gegenüber artikulieren. Wir würden ihn bevormunden. Ein Gutschein ist bevormundendes Geld. Geld ist ein liberaler Gutschein.

Wie frei ist der Markt, wenn der Mensch unfrei ist?

Wir leben längst nicht mehr in hauswirtschaftlichen, sondern in marktwirtschaftlichen Verhältnissen: Jeder produziert für den Konsum der anderen. Der Markt ist der Ort, der Produzenten und Konsumenten zusammenführt, wenn sie nicht mehr zusammenfallen. Die Arbeitsteilung führt dazu, dass sie auseinanderfallen.

»Die Freiheit des Menschen liegt nicht darin, dass er tun kann, was er will, sondern darin, dass er nicht tun muss, was er nicht will.« Dieser Satz wird Jean-Jacques Rousseau, dem Aufklärer und Wegbereiter der Französischen Revolution, zugeschrieben.[100] Gemessen daran haben wir heute keinen freien Arbeitsmarkt. Wir müssen am Arbeitsmarkt teilnehmen, da wir kein bedingungsloses, sondern ein bedingtes Grundeinkommen erhalten. Ein Markt ist jedoch erst dann frei, wenn ich weder kaufen noch verkaufen muss. Der Arbeitsmarkt ist frei, wenn ich ein Arbeitsangebot annehmen kann, aber nicht muss. Das bedingungslose Grundeinkommen würde einen freien Arbeitsmarkt ohne Kontrahierungszwang schaffen und das hohe Gut der Vertragsfreiheit erst vollumfänglich gewährleisten.

Der Freiheitsbegriff, der dieser Tage das Verständnis des freien Marktes maßgeblich prägt, ist ein neoliberaler: Freiheit besteht darin, nicht Rücksicht nehmen zu müssen. Freiheit ist mit Ellenbogen ausgestattet. Auf dass der Bessere gewinne! Das Grundeinkommen, so seine neoliberalen Kritiker, verstoße gegen dieses Marktprinzip. Es sei ein Spielverderber. Die Existenz wäre gesichert und die Konkurrenz könnte sich nicht mehr frei entfalten. Doch was wären Gewinner ohne Verlierer? Was wäre Freiheit wert, wenn man sie garantieren könnte? Freiheit bedeute doch gerade, durch Leistung zu überzeugen. Der heutige Arbeitsmarkt sei frei, da man ja jederzeit den Arbeitgeber wechseln könne, wenn man nur attraktiv genug sei.

Diese Argumentation steht in fundamentalem Widerspruch zur Perspektive des bedingungslosen Grundeinkommens. Freiheit bedeutet nicht, sich gegen andere durchzusetzen. Freiheit meint nicht, dass das Recht des Stärkeren gilt. Im Gegenteil: Freiheit entfaltet sich erst in der Wahrnehmung des anderen. Das ist keine sozialromantische Spinnerei, sondern eine Tatsache. Der Philosoph Byung-Chul Han legt von ihr Rechenschaft ab, wenn er schreibt: »Freiheit ist im Grunde ein Beziehungswort. Man fühlt sich wirklich frei erst in einer gelingenden Beziehung, in einem beglückenden Zusammensein mit anderen.«[101]

Wer nicht auf die Freiheit des anderen zählt, der darf mit seiner eigenen nicht rechnen. Erst befreit vom Existenzdruck führt ökonomischer Wettbewerb zu Leistung anstatt Leid. Erst wenn es nicht mehr um die Existenz, sondern um Exzellenz geht, ist der freie Markt ein Weg zur Freiheit.

Befreit Konsumfreiheit?

Konsumfreiheit heißt nicht, dass ich alles kaufen kann. Konsumfreiheit heißt, dass ich nicht gezwungen bin, etwas zu kaufen, und dass ich selbst entscheiden kann, was ich kaufe. Das Fundament dieser Freiheit ist, dass ich über die Mittel verfüge, die Konsumentscheidung möglichst frei und unabhängig zu treffen. Habe ich wenig Mittel, bin ich eher gezwungen, Billigprodukte zu kaufen. Der Preis steht im Vordergrund, nicht die Qualität. Ich kaufe, was günstig ist, nicht unbedingt, was gut ist. Der Kauf richtet sich eher nach den Mitteln als nach dem Bedarf.

Discount! Rabatt! Sonderangebot! Kaum jemand widersteht der Vergünstigungsprahlerei, selbst wenn er von den Mitteln her gar nicht darauf angewiesen ist. Es ist einfach ein gutes Gefühl, etwas günstiger erworben zu haben, obwohl jeder weiß, dass die Vergünstigungen ebenso wie sämtliche Steuern und Abgaben in die regulären Preise mit eingerechnet sind. Dennoch haben wir das Gefühl, begünstigt worden und besonders schlau gewesen zu sein. Für etwas weniger zu zahlen, als es eigentlich kostet, beflügelt uns nicht nur zum Kauf, sondern erweckt dabei auch noch Glücksgefühle.

Der Freundschaftspreis ist nicht der Preis, den ich zusätzlich zahle, weil der Verkäufer mein Freund ist, sondern den ich nachgelassen bekomme, weil ich als Kunde so freundlich bin, einzukaufen. Aber warum eigentlich? Warum zahle ich denen, die für mich etwas geleistet haben, beim Freundschaftspreis weniger anstatt mehr? Warum fühle ich mich besser, wenn ich weniger bezahle? Wie könnte ich mich besser fühlen, wenn ich mehr bezahle? Dafür müsste ich verstehen, dass meine Freunde nicht meine Feinde sind. Ich müsste verstehen, dass alles, was ich konsumiere, andere für mich leisten. Dann würde ich mich als Verbraucher mit einem Freundschaftspreis bei den Erzeugern bedanken, anstatt sie mit einem Feindschaftspreis zu beschämen.

Das bedingungslose Grundeinkommen könnte uns in unseren Konsumentscheidungen souveräner werden lassen. Es könnte uns resistenter gegen Werbung machen und die Ausrichtung auf Qualität, Nachhaltigkeit und fairen Handel begünstigen. Es könnte das soziale Gefüge zwischen Herstellern und Verbrauchern aufdecken und uns von gehetzten Schnäppchenjägern zu umsichtigen Konsumbürgern werden lassen.

Das einzig Notwendige ist das Überflüssige

Der spanische Kulturphilosoph José Ortega y Gasset unterscheidet zwischen den notwendigen und den überflüssigen Tätigkeiten des Menschen. Notwendig ist in seinen Augen alles, was der Mensch zu tun hat, um für seinen Lebensunterhalt zu sorgen –

dafür, dass er genug zu essen, ein Dach über dem Kopf und Kleider am Körper hat. Überflüssig ist alles andere: Literatur, Musik, Philosophie, Kunst, Wissenschaft, Religion – kurz: alles, was wir mit Kultur verbinden. Doch der Clou bei Ortega y Gasset ist: Für ihn gilt, dass für den Menschen nur das objektiv Überflüssige notwendig sei.[102]

Was heißt das? Zwar lässt sich schon im Reich der Natur beobachten, dass längst nicht alles bloß von Notwendigkeiten beherrscht ist. Wäre dies so, sängen die Vögel weniger, und es wäre an schönen Sommerabenden stiller. Darwins Arterhaltungsgebot wird bereits durch den Vogelgesang überboten. Aber erst der Mensch ist laut Ortega y Gasset das Wesen, welches aus ganzem Herzen und mit voller Inbrunst das Überflüssige tut. Für all seine Leistungen, vom antiken Leierspiel bis zur modernen Lyrik, vom Pyramidenbau bis zum Eiffelturm, nimmt der Mensch sogar Einschränkungen des Lebensnotwendigen in Kauf, um sich dem Überflüssigen widmen zu können.

Und wie zeigt sich, dass der Mensch gerade dann unglücklich wird, wenn ihm das Überflüssige fehlt? Nun, wenn er vollgestopft fernsehguckend auf dem Sofa hockt, kann er in tiefste Depression verfallen, selbst wenn alles Notwendige längst vorhanden ist. Wer den Freitod wählt, tut dies kaum aufgrund von Hunger und Durst, sondern meistens aus Liebeskummer, Überzeugung, Euphorie, Enttäuschung, Krankheit oder Verzweiflung. Dass die Selbstmordrate mit zunehmendem Wohlstand eher steigt als sinkt, spricht dafür, dass Ortega y Gasset recht hat: dass für den Menschen nur das Überflüssige notwendig ist.

Und das Grundeinkommen? Ist es das Überflüssige? Zum Glück nicht. Es ist bedingungslos und sichert das Notwendige. Kommt man zum Überflüssigen ohne das Notwendige? Natürlich nicht. Deshalb wäre es falsch, würde man Ortega y Gasset dadurch zu folgen meinen, dass man Obdachlose auch mal ins Konzert einlädt. Nicht die Zwangsbeglückung mit Überflüssigem ist das Ziel des Grundeinkommens, sondern die Sicherheit, auf dem Notwendigen aufbauend am Überflüssigen mitzuwirken.

»Der Mensch ist noch sehr wenig, wenn er warm wohnt und sich satt gegessen hat, aber er muss warm wohnen und satt zu essen haben, wenn sich die bessre Natur in ihm regen soll«, schreibt Friedrich Schiller am 11. November 1793 dem dänischen Prinzen Friedrich Christian von Augustenburg.[103] Im Sinne Ortega y Gassets heißt das: Während uns das Notwendige von Natur und Technik bereitgestellt wird, bleiben wir für das Überflüssige stets selbst verantwortlich. Der Mensch ist das Wesen, das nur im Überfluss leben kann. Für ihn ist das Überflüssige notwendig. Das ist eine Freiheitsformel: Das Menschliche beginnt dort, wo es nicht festgelegt ist.

Ich und die anderen Tiere

Wer die Richtung spürt, aber noch unsicher ist, ruft zum Experiment: Wie würden sich die Menschen verhalten, wenn es ein bedingungsloses Grundeinkommen gäbe? Die Antwort liegt in der Zukunft. Sie zielt auf das Verhalten jedes Einzelnen, das sich nicht formalisieren und mathematisch erfassen lässt.

Wohl aber gibt es Versuche, welche die Fragen des Grundeinkommens erhellen: 1949 legt der amerikanische Psychologieprofessor Harry F. Harlow acht Rhesusaffen ein Geduldsspiel vor, bei dem es darauf ankommt, eine Art Schloss zu öffnen. Harlow will herausfinden, wie Primaten lernen. Die damals reüssierende behavioristische Lehre besagt, dass Primaten nur aktiv werden, wenn es um Futter oder Fortpflanzung geht – es sei denn, man bringt ihnen ein Verhalten mittels Belohnung mühsam bei. Zur großen Überraschung lösen die Affen Harlows Aufgabe jedoch ganz ohne Belohnung, während sie die Lust am Spiel verlieren, nachdem Harlow ihnen Rosinen zur Leistungssteigerung verabreicht hat. Harlow ist von dem Verhalten der Affen derart irritiert, dass er sich anderen Themen zuwendet, jedoch notiert, dass es wohl eine »dritte Kraft« jenseits von Nahrungs- und Fortpflanzungstrieb geben müsse, die motiviere.[104]

Erst zwei Jahrzehnte später greift ein Forscher die Fragen von Harlows Experiment wieder auf, indem er das Affenexperiment mit Menschen wiederholt. Der amerikanische Verhaltensforscher Edward L. Deci hält für seine Probanden eine Art Zauberwürfel bereit und bietet ihnen zur Leistungssteigerung Geld statt Rosinen. Das Resultat bestätigt sich: Sobald die Probanden bezahlt werden, verlieren sie jede Lust, sich ohne Entlohnung mit dem Würfel zu beschäftigen. Das Geld scheint ihnen die reine Freude am Tun geraubt zu haben.[105]

Das bestätigt außerdem eine andere Studie Decis, in der er Studenten in drei aufeinanderfolgenden Einheiten puzzeln lässt. In der ersten Einheit spielen sie ohne jede Anweisung. In der zweiten Einheit spielt eine Gruppe weiterhin frei, während eine andere Gruppe abgesondert und für die Lösung des Puzzles bezahlt wird. In der dritten Einheit lässt Deci beide Gruppen wieder frei, also ohne Entlohnung, spielen. Die Folge: Die Studenten, die in der zweiten Einheit entlohnt werden, geben in der dritten Einheit deutlich früher als die anderen Kommilitonen auf, das Puzzle zu lösen.[106]

Die »dritte Kraft«, von der Harlow schreibt, ist dieser Tage als intrinsische Motivation bekannt. Die Fragen, die Harlows und Decis Experiment aufwerfen, sind die Fragen, die das bedingungslose Grundeinkommen stellt: Rauben wir uns die Fähigkeit zu intrinsischer Motivation, wenn wir uns zur Arbeit zwingen? Erfüllt uns Arbeit erst dann, wenn wir sie nicht um der Bezahlung willen, sondern um ihrer selbst willen tun?

Das umfangreichste Experiment zum Grundeinkommen, welches sich jederzeit durchführen lässt, ist folgende Umfrage: Was würden Sie arbeiten, wenn für Ihr Einkommen gesorgt wäre? Hunderttausende haben sich diese Frage bereits gestellt. Resultat: positiv. Die Allermeisten würden weiter arbeiten. Die meisten würden sogar weiterhin das Gleiche tun. Viele denken, sie würden das Gleiche sogar besser tun können. Und nicht wenige meinen, sie würden das Gleiche tun, jedoch an einem anderen Ort, in einem anderen Unternehmen. Bemerkenswert ist der oftmals geäußerte Wunsch nach Veränderung, Weiterbildung und Abbau von Druck und Stress.

Was denken Sie, würden die anderen tun, wenn für deren Einkommen gesorgt wäre? Drehen wir die Frage um, ist das Resultat negativ: Ebenso viele, wie denken, sie selbst würden weiterhin arbeiten, denken, die anderen täten es nicht. Wir haben von uns selbst ein optimistisches Menschen- und von den anderen ein pessimistisches Tierbild. Im Wirtschaftsmagazin *brand eins* ist das in der Rubrik »Die Welt in Zahlen« wunderbar nachzuvollziehen: »Anteil der Menschen, der versichert, auch mit einem bedingungslosen Grundeinkommen weiterhin arbeiten zu gehen, in Prozent: 90. Anteil der Menschen, der glaubt, andere würden durch ein bedingungsloses Grundeinkommen aufhören zu arbeiten, in Prozent: 80.«[107]

Das bedingungslose Grundeinkommen verlangt nur eine kleine Änderung der bestehenden Verhältnisse: nämlich den Teil des Einkommens, den jeder unbedingt zum Leben braucht, bedingungslos zu gewährleisten. Was bitte sollte daran so gefährlich sein?

Der Mensch ist das Wesen, welches so wird, wie es von sich selbst und anderen zu denken vermag. Dazu hier ein Experiment: Achten Sie einen Monat lang darauf, in welchen Situationen Sie aus Gründen der Existenzsicherung Entscheidungen treffen. Schreiben Sie sich das auf und notieren Sie sich außerdem, wie Sie sich mit einem bedingungslosen Grundeinkommen entschieden hätten.

Nach einem Monat machen Sie eine provisorische Auswertung: Wie würde sich Ihr Leben verändern, wenn Sie so handelten, als ob Sie ein bedingungsloses Grundeinkommen hätten? Würden Sie fauler? Oder produktiver? Welche Auswirkungen hätte es auf Ihre Entscheidungen sowie Ihr Lebensgefühl? Was wären die Folgen für Ihre Mitmenschen?

Im nächsten Monat beobachten Sie, wie sich Ihr Leben verändern würde, wenn die Menschen, mit denen Sie zu tun haben, ein bedingungsloses Grundeinkommen hätten. Wären sie weniger gestresst? Ansprechbarer? Hilfloser? Und was würde sich dadurch für Sie verändern?

Im dritten Monat fragen Sie Ihre Mitmenschen, was sich in deren Leben mit einem bedingungslosen Grundeinkommen verändern würde. Schreiben Sie sich die Antworten auf und überlegen Sie sich, wie sich diese Veränderungen auf Ihr eigenes Leben auswirken würden. Was wären für Sie die Vor- und Nachteile, die Chancen und Herausforderungen? Beginnen Sie spätestens drei Monate vor der Volksabstimmung mit dem Experiment.

Ohne Hilfe geht es besser

»Ich finde, das bedingungslose Grundeinkommen ist ein unmoralisches Konzept.«[108] Das sagt Lukas Rühli, Projektleiter von *avenir suisse*, einer Schweizer Denkfabrik. Seine Begründung lautet: »Gerade unter dem Aspekt der Gerechtigkeit finde ich es sinnvoll, wenn man denen hilft, die sich selber nicht helfen können, und wenn man von denen, die sich helfen können, fordert, dass sie sich selber um ihr Leben kümmern.«

Was lehrt uns diese Argumentation? Es geht um Moral, Gerechtigkeit und Hilfe. Es ist deutlich, dass Rühli das bedingungslose Grundeinkommen nicht als Grundrecht, sondern als Sozial-, also als Hilfeleistung ansieht. Seine Argumentation stützt sich darauf.

Die Hilfeleistung ist eine menschliche Grundgeste. Im Mittelalter wurde Hilfe in Form von Almosen gewährt. Sie galt vielen Religionen als Pflicht. Infolge der Aufklärung und der Industrialisierung wurde aus persönlicher Mildtätigkeit das politische Sozialversicherungssystem. Otto von Bismarck war Ende des 19. Jahrhunderts Sozialstaatspionier, weshalb wir noch immer vom bismarckschen Sozialstaat sprechen. Er bedeutete einen großen Entwicklungsschritt: Dem Einzelnen zu helfen wurde politisch und hat sich inzwischen in Form des modernen Sozialstaats mit einer Vielzahl verschiedener Sozialleistungen etabliert.

Ob als Bittstellung im Mittelalter oder als politische Forderung in der Moderne: Stets geht es um das Verhältnis von Helfenden und Hilfsbedürftigen. Sankt Martin ist der Prototyp des mittelalterlichen Helfers. Er teilt seinen Mantel mit einem Bettler, der nichts besitzt und sich selber nicht helfen kann. Sankt Martin zierte von 1957 bis 1980 die Schweizer 100-Franken-Note. Das Bild ist stark: Geholfen wird dem, der sich selbst nicht helfen kann.

Innerhalb eines solchen Bildes argumentiert Lukas Rühli. Es gebe stets Menschen, die durchfallen. Diese müssten aufgefangen werden. Ihnen zu helfen sei moralisch geboten. Menschen zu helfen, die sich selbst helfen können, so Rühlis Schluss, käme dagegen einem Übergriff gleich: Wir würden Menschen helfen, die gar keiner Hilfe bedürfen. Sie erhielten bedingungslos ein Einkommen, das sie gar nicht benötigen. Ja, schlimmer noch: Sie würden zum Nichtstun animiert.

Wir lernen: Hilfe unterstützt eine Zweiklassengesellschaft. Die Oberklasse der Helfenden und die Unterklasse der Hilfsbedürftigen. Das Grundeinkommen setzt diese Zweiklassengesellschaft außer Kraft: Mir muss nicht mehr geholfen werden. Ich kann selbstständig und unabhängig agieren. Ich bin nicht mehr auf die Hilfe anderer angewiesen. Die Hilfsabhängigkeit hört auf. Es hilft mir, nicht mehr auf Hilfe angewiesen zu sein. Wenn jeder ein Grundeinkommen erhält, muss keiner mehr dem anderen mit Hilfe aushelfen. Der Journalist Michael Sennhauser findet dafür ein passendes Bild: »Wenn jeder sein eigener König ist, ist keiner der König der anderen.«[109]

Vom edlen Willen zur Linderung der Not sind wir inzwischen zum sozialstaatlichen Mechanismus der Aufrechterhaltung eines Abhängigkeitsverhältnisses gekommen. Wir haben Sankt Martin institutionalisiert und pervertiert. Der pervertierte Martin teilt nicht mehr seinen Mantel, sondern die Moral. Eine Moral für die Helfenden und eine für die Hilfsbedürftigen.

Heute wird Not nicht gelindert, sondern ausgenutzt. Sie ist der Rohstoff der Armutsindustrie. »Das Geschäft mit der Arbeitslosigkeit brummt. Milliardenbeträge verschwinden in sinnlosen Ein-Euro-Jobs und einer monströsen Bürokratie«, schreibt das Magazin *Der Spiegel* über die deutsche »Hartz-Fabrik«.[110] Der Unternehmer Götz W. Werner bezeichnet das Hartz-IV-Regime als »offenen Strafvollzug«.[111] Und Heribert Prantl, Mitglied der Chefredaktion der *Süddeutschen Zeitung*, beklagt: »Mit

Hartz IV haben Elemente des Strafrechts ins Sozialrecht Einzug gehalten. [...] Der Paragraf behandelt die Leute als potenzielle Faulpelze, denen man die Faulpelzerei auf Schritt und Tritt austreiben muss. [...] Die schwarze Pädagogik, in der Kindererziehung verpönt, hat Hartz IV also bei erwachsenen Menschen wieder eingeführt.«[112]

In der sozialpolitisch satteren Schweiz ist es anders – jedoch nicht weniger schlimm. Das Bundesamt für Statistik hat ermittelt, dass 60 Prozent der Personen, die einen rechtmäßigen Anspruch auf Sozialhilfe haben, ihn nicht geltend machen: Von den 586 000 Personen, die 2012 in der Schweiz sozialhilfeberechtigt waren, haben nur 231 000 tatsächlich Sozialleistungen bezogen. Die Hauptgründe für die hohe Nichtbezugsquote sind Unwissen, Scham, Angst vor Verschuldung, Angst vor Veränderung des Aufenthaltsstatus oder die Verwandtenunterstützungspflicht.[113]

Jemandem zu helfen, kann als Befriedigung erlebt werden. Was gibt es Schöneres, als wirklich nützlich zu sein? Heute missbrauchen wir dieses edle Anliegen: Wir diffamieren Menschen als Sozialschmarotzer. Sozialdetektive sind die politische Antwort darauf. Das ist ein Unglück sowohl für die, die helfen wollen, als auch für jene, denen geholfen werden soll.

Das bedingungslose Grundeinkommen befreit das Helfen von seinen schwarzpädagogischen Auswüchsen. Während ich mich heute als Bettler verkleiden muss, um von einem Sozialstaat, der Sankt Martin spielt, gefördert und gefordert zu werden, fordert das Grundeinkommen von mir nicht mehr und nicht weniger als meine Selbstbestimmung. Im heutigen Sozialsystem erhalte ich Geld für das Falsche, während ich mit dem Grundeinkommen Geld für das Richtige habe.

Lukas Rühli meint, dass es gerecht sei, wenn jeder für sich selber sorgt. Es sei gerecht, wenn jeder, der kann, auch muss.

Ungerecht sei es, wenn jemand, der kann, nicht muss.[114] Das bedingungslose Grundeinkommen bricht den Bann dieser Moral: Wer nicht muss, der kann.

Wer sich selbst bestimmt, befreit andere

Selbstbestimmung finden fast alle gut. Jedenfalls dann, wenn es noch einen weisen Bestimmer gibt, der über alle Selbstbestimmer oberbestimmt, damit es nicht drunter und drüber geht. Totales Chaos scheint zu drohen, wenn jeder tut, was er will.

Die Befürchtung, dass Selbstbestimmung in Allgemeinverstimmung umschlägt, beruht auf falschen Vorstellungen von Selbstbestimmung. Selbstbestimmung heißt nicht, dass keine Gesetze mehr gelten. Selbstbestimmung heißt auch nicht, dass alle Ansprüche, die wir aneinander richten, aufgehoben werden. Selbstbestimmung heißt, dass alle Ansprüche und Bedürfnisse, alle Wünsche und Hoffnungen, die ich hege, nur dann sinnvoll realisiert werden können, wenn sie durch selbstbestimmte andere realisiert werden. Selbstbestimmung ist immer die Selbstbestimmung der anderen. Erst wenn ich sie anderen zutraue, bin ich selber zu ihr in der Lage.

Schon klar, ich will selbstbestimmt leben, anders geht es ja gar nicht. Aber einen Bestimmer für die anderen Selbstbestimmer braucht es schon, damit es in die richtige Richtung geht. Dieser Gedanke ist es, der mich zum Sklaven meiner Selbstbestimmungsängste werden lässt. Ohne die Selbstbestimmung der anderen ist meine Selbstbestimmung Butter ohne Brot. Frommer Wunsch. Hehres Ziel. Leeres Wort.

Und wer bestimmt, gesetzt den Fall, ich bestimme mich wirklich selbst? Die anderen! Das ist ja gerade das Besondere:

Der Selbstbestimmer ist nicht derjenige, der sich den Anforderungen anderer verweigert, sondern der, der sie besser sehen und freier ergreifen kann. Wer sich selbst bestimmt, ist nicht auf Widerspruch aus. Das ist in der Pubertät die Phase vor der Selbstbestimmung. Das ist die Trotzphase. Selbstbestimmung ist anders: Sie ist die Möglichkeit, mich aus mir selbst heraus mit einer Aufgabe in der Welt zu verbinden und durch diese Verbindung zu wachsen. Alle anderen Stricke reißen heute früher oder später. Da hilft auch kein Oberbestimmer.

Die Angst vor der Selbstbestimmung rührt daher, dass der Einzelne noch immer als Störenfried, als Unruhestifter, als einer, der sich für etwas Besseres hält, angesehen wird. Wer allerdings so auf ihn herabschaut, der erniedrigt sich selbst. Er prügelt mit der Keule des Ressentiments auf den Teil seines Wesens ein, das sich für etwas Besseres hält. Das Grundeinkommen lädt dazu ein, dass wir uns alle für etwas Besseres halten. Haltung profiliert, Schonhaltung profaniert.

Wer nicht mit selbstbestimmten Menschen rechnen oder ihnen einen Oberbestimmer vorsetzen will, der bevorzugt Untergebene. Folgsame Diener. Angepasste Arbeitstiere. Das ist auf Dauer das Schlimmste, was uns passieren kann: dass wir nicht kritisch denkende Menschen sich bilden lassen, sondern angepasste, ausgezehrte, ambitionslose Arbeitsleichen produzieren. Wenn wir die Herausforderungen der Zukunft meistern wollen, ist Selbstbestimmung die einzige Chance: Nur sie verleiht die Sicherheit, dass es immer Menschen sind, die ich anspreche, wenn ich Menschen anspreche. Spreche ich einen fremdbestimmten Menschen an, antwortet er mir nicht als Mensch, sondern als Maschine. Als Unwesen. Als abwesend. Das werden wir uns nicht länger leisten können, wenn wir uns die Menschlichkeit noch länger leisten wollen.

Nur der Sklave, der Herr wird, wird frei

Wir halten es heute für selbstverständlich, einander die bürgerlichen Rechte zuzubilligen, zu denen die freie Entfaltung der Persönlichkeit, die freie Wahl des Wohnortes, die freie Berufswahl, die Reisefreiheit und die religiöse Selbstbestimmung gehören. Wird jemand dazu gezwungen, einer Konfession anzugehören, einen bestimmten Beruf auszuüben oder seine Mobilität einzuschränken, halten wir das für ungerecht, ja unwürdig.

Diese Freiheitsrechte sind alles andere als selbstverständlich. Sie sind eine Errungenschaft der Aufklärung. Die Freiheit eines römischen Sklaven bestand in der Freiheit seines Herrn, ihn zu vermieten, zu verkaufen oder freizulassen. Doch ein Leben in Freiheit war dem Sklaven gar nicht möglich, solange es ihm an der Lebensgrundlage fehlte, die zur Existenzsicherung notwendig war: Eigentum. Wer kein Land besaß, besaß keinen Anspruch auf Erträge aus der Landwirtschaft. Insofern gewährleistete der Herr die Existenz des Sklaven, der sie sich auf dem Grund und Boden seines Herrn (zu dessen Eigentum er zählte) selbst erwirtschaftete. Einen Sklaven freizulassen, ohne ihm die Möglichkeiten zu geben, von seiner Freiheit Gebrauch zu machen, ließ ihn nicht frei, sondern vogelfrei werden. Die einzige Chance, seine Freiheit wahrzunehmen, bestand für ihn darin, sich einen neuen Herrn zu suchen oder weiterhin dem alten zu dienen. Einen Sklaven freizustellen war oftmals nicht gnädig, sondern ein aufgeschobenes Todesurteil.[115]

Wir sind heute auf unterschiedliche Weise mit dieser Szene verbunden. Erstens: Der Sklave kannte Grundbedürfnisse, die befriedigt werden mussten, damit er arbeitsfähig blieb. Ein toter Sklave war kein guter Sklave. Auch wir haben heute noch nicht aufgehört, Bedürfniswesen zu sein. Gegenüber diesen Grundbedürfnissen sind wir weder frei noch unfrei, sie sind schlicht und einfach die Bedingungen, deren Nichterfüllung unsere Existenz gefährdet. Erst wenn meine Existenz gesichert ist, stellen sich mir weitere Fragen.

Zweitens: Der Arbeitsvertrag eines weisungsgebundenen, sozialversicherungspflichtigen Beschäftigten heutigen Datums geht auf das Mietrecht für römische Sklaven zurück.[116] Der Dienstherr, heute Arbeitgeber genannt, schuldet dem Mitarbeiter den Lebensunterhalt. Dieser besteht in der Fremdversorgungswirtschaft nicht mehr in der Bereitstellung von Ackerland für die eigene Subsistenzwirtschaft, sondern in der Bereitstellung von Geld, das einem ermöglicht, Waren und Dienstleistungen zu kaufen. Abgesehen von dieser Unterhaltspflicht und der Wahrung all der Arbeitsschutzbestimmungen, für die sich Gewerkschaften seit anderthalb Jahrhunderten verdienstvoll einsetzen, hat der Arbeitgeber das Recht, den Mitarbeiter für seine Ziele und Zwecke einzuspannen. Zwar genießt der Mitarbeiter inzwischen den Status einer natürlichen Person und ist insofern Träger bürgerlicher Rechte und Pflichten, aber über seine Arbeitskraft und damit über ihn als Arbeitstier wird weiterhin verfügt wie dereinst über den römischen Sklaven, der zu vermieten, zu verkaufen oder zu vernichten war.

Drittens: Der Herr sorgte als *pater familias* für seine Untergebenen – und dafür, dass sie wollten, was sie sollten. Die Verhältnisse waren so eingerichtet, dass sie mussten, was sie sollten. Heute, da der Gelderwerb notwendig ist, um in der arbeitsteiligen Gesellschaft konsumieren zu können, muss man produzieren, was Geld erbringt. Der einzige Weg, sich dienstbar zu machen, ist nicht mehr der Gehorsam gegenüber einem Herrn, sondern die Gefolgschaft gegenüber dem Markt. Führte der

Sklavenhalter noch eine sichtbare Hand, so ist die Hand des Marktes unsichtbar geworden. Doch beide Hände haben den moralischen Zeigefinger erhoben und verlautbaren mit drohender Gebärde: Wenn du nicht willst, was bei uns zählt, entziehen wir dir, was du brauchst!

Nun ist die Frage, wie wir unsere politischen und gesellschaftlichen Verhältnisse so einrichten können, dass die bürgerlichen Freiheiten – von der freien Berufswahl bis hin zur freien Selbstentfaltung – nicht ähnlich zynisch wirken wie zu römischen Zeiten die Freiheit eines mittellosen Sklaven. Die Antwort ist denkbar einfach: Befreien wir die Existenzsicherung von den Bedingungen, die sie erschweren. Sprechen wir jedem bedingungslos zu, was er unbedingt braucht. Warum sollte jedem zustehen, was er unbedingt braucht? Weil er es unbedingt braucht! Jede Bedingung, mit der dieser Bedarf reguliert wird, ist ineffizient. Existenzsicherung ist der effizienteste Weg, die Gesellschaft zu erhalten – weil sie jeden Menschen erhält.

Und was ist dann mit der sogenannten Drecksarbeit? Sie stammt aus einer Zeit, in der Arbeit den Oberen grundsätzlich als dreckig galt, während sie für alle anderen selbstverständlich und unumgänglich war. Auf dem Bauernhof muss die Kuh gemolken, die Ernte eingeholt oder das Brot gebacken werden. Die Würde dieser Arbeit besteht ja gerade darin, sie aus Einsicht in die Notwendigkeit zu tun – und sie, wenn möglich, zu vereinfachen. Die Drecksarbeit von heute ist ein Gespenst, das im Bewusstsein mancher Zeitgenossen sein Unwesen treibt. Welche Arbeit dreckig ist, ist schwer zu sagen: Ist es dreckig, Geld zu waschen? Oder das Auto? Oder alte Menschen? Oder das Geschirr? Und was ist sauber?

Es gibt keine Drecksarbeit. Es gibt nur Arbeit, die getan werden muss, und solche, die nicht getan werden muss. Scheinarbeit, die nicht getan werden muss, leisten wir uns heute im Übermaß, da viele Arbeitsplätze bloß Einkommensplätze sind. Und Arbeit, die getan werden muss, erkennen wir heute nur unscharf, da die Existenzangst unseren Blick trübt.

Das bedingungslose Grundeinkommen ermöglicht eine freie Sicht auf das, was wir uns gegenseitig schulden. Es lässt mich erkennen, was ich für andere tun kann, und sorgt dafür, dass die bürgerlichen Freiheitsrechte nicht zu scheinheiligen Floskeln wie der vom freien römischen Sklaven verkommen.

Meine Freiheit wächst mit deiner

Wie verhält sich meine Freiheit zur Freiheit der anderen? Die Vorstellung, die sich etabliert hat, lautet: Meine Freiheit endet an den Grenzen der Freiheit des anderen. Will ich freier sein, wird der andere unfreier. Will ich ganz und gar frei sein, muss ich die Freiheit des anderen ganz und gar einschränken, ja unterdrücken. Sie gefährdet ansonsten meine Freiheit. »Meine Freiheit muss noch lang nicht deine Freiheit sein. / Meine Freiheit: Ja! Deine Freiheit: Nein!«, singt der Kabarettist Georg Kreisler über diese Einbahnstraßenfreiheit.[117]

Die Einbahnstraßenfreiheit gleicht einem verstaubten Wohnzimmerliberalismus. Er postuliert die Selbstverwirklichung in den eigenen vier Wänden – oder auch im Wohnzimmer des Nachbarn, wenn ich es besetze und mich an seiner Stelle dort frei fühle. Doch dieser Wohnzimmerliberalismus ist längst überholt. Heute führt meine Freiheit nicht zur Unfreiheit anderer. Meine Unfreiheit fördert Unfreiheit. Meine Freiheit fördert Freiheit.

Dass Unfreiheit sich selbst reproduziert, zeigt das Phänomen der Disziplinierung der Wahrnehmung: Wenn ich befürworte, die anderen zu überwachen, weil ich in ihnen eine Bedrohung sehe und mir durch ihre Überwachung Sicherheit verspreche, so werde ich durch diese erhoffte Sicherheit nur noch unsicherer werden. Jeder erscheint mir in meinem unsicheren Sicherheitsbedürfnis plötzlich als Sicherheitsbedrohung. Ich sehe meine Unsicherheit in den Augen aller anderen. Von Sicherheit keine Spur mehr.

Heute bedroht meine Freiheit nicht mehr die Freiheit der anderen, sondern sie wird mir von ihnen geschenkt. Freiheit ist nicht unteilbar, sondern wächst mit ihrer Mitteilung. All die anderen, denen ich ihre Freiheit ermögliche, versetzen mich in die Lage, diese Freiheit auch für mich realisieren zu können. Wenn ich die anderen als unfrei und nur mich selbst als freiheitsfähig ansehe, ist meine Freiheit nichts anderes als Rebellion. Liberaler Egoismus.

Bereits 1871 schreibt der norwegische Schriftsteller Henrik Ibsen an den dänischen Literaturkritiker Georg Brandes: »Wer die Freiheit anders besitzt denn als das zu Erstrebende, der besitzt sie tot und geistlos, denn der Freiheitsbegriff hat ja doch die Eigenschaft, sich während der Aneignung stetig zu erweitern, und wenn deshalb einer während des Kampfes stehen bleibt und sagt: Jetzt habe ich sie! – so zeigt er eben dadurch, dass er sie verloren hat.«[118] Die Freiheit von heute ist die Freiheit durch einander. Wir gewinnen sie täglich neu, indem wir einander die Existenzen sichern und uns gegenseitig für unsere Aufgaben freistellen.

Wer nicht zwingen kann, muss überzeugen

In der Grundeinkommensgesellschaft ist die *purpose economy* im Vor-, die *profit economy* im Nachteil. Das Grundeinkommen verstärkt die wirtschaftliche Sinnausrichtung, weil jeder mitentscheiden kann, was Sinn macht. Die reine Profitausrichtung verliert an Hebelwirkung, weil niemand mehr mitmachen muss, der nicht will.

Der Geld-für-Geld-Wirtschaft ist das bedingungslose Grundeinkommen ein Dorn im Auge. Wer mit seiner Investition jedoch Sinnvolles erreichen will, der findet in der Grundeinkommensgesellschaft bessere Rahmenbedingungen vor. Der Investor steht vor der Frage, wem er mit seiner Investition dienen will: Will er Sinn, muss er voraussichtlich auf kurzfristigen Profit verzichten. Will er schnelles, schmutziges Geld, geht er besser dorthin, wo es kein Grundeinkommen gibt. Die Chance, dass er dort von unmenschlichen Bedingungen profitiert, ist deutlich größer.

Das Edelman Trust Barometer 2015 zeigt, dass Menschen weltweit vor allem Organisationen vertrauen, die nicht ihren eigenen Profit in den Vordergrund stellen, also Organisationen, die für einen gemeinwohlfördernden Zweck arbeiten. Wer nicht für Profit arbeitet, der ist weniger manipulierbar. Genau das wird geschätzt.[119]

Wer nicht zwingen kann, muss überzeugen. Wer Erpressbarkeit und Angst mindern will, muss Sicherheit und Freiheit gewährleisten. Wer hingegen jemanden für seine eigenen Zwecke einspannen will, ist gut beraten, ihn an der kurzen Leine zu führen. Es ist besonders effektiv, Menschen mit kleinen Belohnungen und dem Hinweis, dass es anderen noch schlechter gehe, bei der Stange zu halten.

Profit lässt sich gut im System der Existenzkonkurrenz erzielen. Dazu bedarf es Menschen, deren Einkommen das Existenzminimum nicht übersteigt. Davon kann sich die Mittelschicht absetzen – und die Elite kann sich dann oben draufsetzen.

Bei denen ganz unten auf der Existenzskala ist es wichtig, dass sie sich selbst schuldig an ihrer Lage fühlen und zugleich daran glauben, alsbald in die Mittelschicht aufzusteigen. Wer zur Mittelschicht zählt, der sollte bereits so denken und fühlen, als wäre er Teil der Elite. Bei Abstimmungen in der Schweiz kann man beobachten, dass das ganz gut funktioniert: Die Mehrheit der Schweizer entscheidet zumeist so, als würde sie bereits zu den Reichen zählen. Sie entscheidet sich auf dem angeblichen Weg nach oben so, als wäre sie schon dort.

Das System der Existenzkonkurrenz stabilisiert sich, indem jenen, die sich selbst nachweislich nicht helfen können, geholfen wird. Die Oberen geben den Unteren. Wer ein bedingungsloses Grundeinkommen erhält, muss nicht mehr nach oben schauen und Hilfe erbitten. Er muss sich nicht gefügig machen. Er muss nicht mehr um seine Existenz konkurrieren, sondern in der Sache.

Weltwirtschaft als Gastwirtschaft

Wer freiwillig tätig ist, ist erfolgreicher. Nehmen wir einen Gastgeber: Wer freiwillig und deshalb mit Elan und Begeisterung Gastgeber ist, hat gegenüber einem Gastgeber, der das nicht gerne ist, einen beträchtlichen Wettbewerbsvorteil. Die Qualität der Gastgeberschaft sinkt, je extrinsischer die Motivation des Gastgebers ist. Sie steigt, je intrinsischer er motiviert ist. Am stärksten ist das bei Dienstleistungen zwischenmenschlicher Art zu erleben: Im Verkauf, in der Pflege, in der Bildung, überall dort, wo es zu direkter zwischenmenschlicher Begegnung kommt, ist es von entscheidender Bedeutung, seine eigene Arbeit als sinnvoll begreifen zu können, um erfolgreich zu sein.

Das Prinzip der Gastgeberschaft gilt für die gesamte Wirtschaft: Auch wenn wir dem Gast, also demjenigen, der einen Bedarf artikuliert, nicht unmittelbar begegnen, so ist er doch derjenige, für den wir arbeiten. Wirtschaft ist Gastgeberschaft. Deshalb heißen Gasthäuser auch Wirtschaft oder Wirtshaus. Wirtschaften ist das Befriedigen von Bedürfnissen anderer.

Mit dem Grundeinkommen schärfen wir den Blick für die wirklichen Bedürfnisse anderer. Wenn wir nur für Geld arbeiten, ist uns vor allem der Lohn wichtig. Es ist uns wichtiger, dass etwas gekauft wird, weniger, was es ist, wie es beschaffen ist und ob es wirklich gebraucht wird. So ist es bei allem: Je abhängiger wir sind, desto enger wird unser Blickfeld. Mit der Unabhängigkeit weitet sich der Blick. Unabhängigkeit ist ein Qualitätsfaktor. Das Grundeinkommen führt dazu, dass wir weniger unseren eigenen Bedarf vor Augen haben müssen und deshalb aufmerksamer werden können für die Bedürfnisse anderer. Wer in die Welt schaut, sieht andere. Wer nur auf sich selbst schaut, sieht nichts.

Wir leben von den Leistungen anderer. Je besser diese sind, desto besser leben wir. Wie können wir bewirken, dass es uns gut geht? Indem wir dafür sorgen, dass es denen, die für uns arbeiten, gut geht. Das tut es, wenn wir für Verhältnisse sorgen, welche die anderen erfüllt arbeiten lassen. Wenn wir Techniken entwickeln, um das zu tun, geht es uns und den anderen besser.

Wer das Motiv der Gastgeberschaft vertieft, gelangt zur bedingungslosen Gastfreundschaft: »Reine und unbedingte Gastfreundschaft, die Gastfreundschaft selbst, öffnet sich, sie ist von vorneherein offen für wen auch immer, der weder erwartet noch eingeladen ist, für jeden, der als absolut fremder Besucher kommt, der ankommt und nicht identifizierbar und nicht vorhersehbar ist«, so der Philosoph Jacques Derrida.[120] Wer offen ist für Gäste, der ist nicht nur bei sich selbst, sondern ebenfalls bei Fremden zu Hause. Er übt einen freundschaftlichen Umgang mit Fremden, der Voraussetzung dafür ist, dass wir nicht nur nebeneinander, sondern tatsächlich miteinander leben.

Freiheit I

Freizeit geht auf den mittelalterlichen Begriff »frey zeyt« zurück, der im 14. Jahrhundert die »Marktfriedenszeit« charakterisiert. Sie schützt die Händler und Besucher des Marktes vor Störungen aller Art, sogar vor offiziellen Maßnahmen wie Vorladungen oder Verhaftungen. »Frey zeyt« ist Friedensteilzeit. »Frey zeyt« ist besondere Arbeitszeit.[121]

Freizeit, wie wir sie heute kennen, taucht begrifflich erstmals 1823 bei dem Pädagogen Friedrich Fröbel auf. Er bezeichnet damit die Zeit, die den Zöglingen seiner Erziehungsanstalt »zur Anwendung nach ihren persönlichen und individuellen Bedürfnissen frey gegeben ist«.[122] Der Duden notiert Freizeit erstmals 1929 und definiert sie wie folgt: »Zeit, in der jemand nicht zu arbeiten braucht«.[123]

Die Idee der Freizeit erscheint in zweierlei Hinsicht: Einerseits in der Aufweichung und später dem Aufbruch autoritärer Strukturen. Die Individualisierung schafft mehr Räume zur selbstbestimmten Lebensführung. Andererseits ist Freizeit eine Folge der industriellen Revolution und der Entfremdung der Arbeit durch die Arbeitsteilung. Das Zeitalter der Industrialisierung führt jedoch nicht nur in die Fabriken und an die Fließbänder, sondern ist auch Ausgangspunkt eines ungeahnten technischen Fortschrittes – mit dem Resultat einer vielfach gesteigerten Produktivität. Der Schlüssel dazu ist die Energiegewinnung und folglich die Mechanisierung und Rationalisierung der Arbeit. Entfremdet, aber effektiv. Die Entwicklung der Landwirtschaft zeigt das eindrücklich: Um 1900 erzeugt ein Landwirt in Deutschland Nahrungsmittel für vier Personen; 1949 ernährt er zehn Personen; 2000 sind es 127; 2012 bereits 144.[124]

Der Begriff Freizeit taucht da auf, wo Arbeit und Leben entzweit werden. Wenn Arbeit nicht mehr natürlich und selbstverständlich getan und gewollt wird, sondern die Menschen zum Rädchen in einem großen System verkommen, kommt der Gedanke auf, dass es Freizeit braucht.

Von Freizeit zu sprechen ist nur gegenüber einer Arbeit verständlich, die man nicht freiwillig tut; einer Zwangszeit sozusagen, der man nachgeht, weil man muss. Wo Arbeit nicht als sinnstiftende Tätigkeit, sondern als Mühsal und notwendiges Übel erlebt wird, will man nicht nur Lohn als Entschädigung, sondern auch Rechte, die einem garantieren, noch ein anderes Leben als das Arbeitsleben zu führen. Freizeit eben. Den Gewerkschaften und der Sozialdemokratie ist es zu verdanken, dass ihr Arbeitskampf zu weniger Arbeitszeit, mehr Lohn und mehr Freizeit geführt hat.

Den Kapitalisten des 20. Jahrhunderts waren die Forderungen nach verbesserten Arbeitsbedingungen mehr oder weniger einsichtig. Per Salamitaktik wurde den Proletariern mehr Freizeit zugestanden. Schließlich müssten sich die Arbeiter von den Arbeitsstrapazen ja auch erholen, um wieder frisch ans Werk gehen zu können.

Von den Arbeitenden her ist Freizeit eine verdiente Kompensation. Ich habe Freizeit, also bin ich. Ich arbeite, also habe ich das Recht auf Freizeit. Zeit, in der ich nicht arbeiten muss. Zeit, in der ich selbst bestimmen kann, was ich tue. Zeit, in der ich keiner Anweisung verpflichtet bin.

Ich werde für meine Arbeit entlohnt. Während der Arbeit bin ich den Vorgaben und Erwartungen des Arbeitgebers verpflichtet. Ich verkaufe meine Arbeitskraft, meine Lebenszeit. Über die Verwendung meines Lohnes kann ich selbst entscheiden. Dabei bin ich frei: Freiheit I.

Freiheit II

Wer nicht tut, was er will, muss dazu gebracht werden, zu wollen, was er soll. Die Gründung von Arbeitshäusern und Erziehungsheimen in der Zeit des aufkommenden Industriekapitalismus folgt diesem Ziel. Sie dient der Einübung von Sekundärtugenden wie Pünktlichkeit, Fleiß und Ordnungsliebe zur Gewährleistung der Arbeitswilligkeit. Die Kontrolle über diejenigen, die am Erwerbssystem nicht teilnehmen, und die Restriktionen, welche die Ersatzleistungsbürokratie und ihre wilhelminische Sprache durchherrschen, gehen auf diese Tradition zurück.

Mit dem Grundeinkommen ließe sich diese frühmoderne Altlast endlich beseitigen: Es läge nun in der Hand jedes Einzelnen, zu entscheiden, wie er leben will. Die aufgeblähte Verwaltungsbürokratie, die noch heute für den nötigen Drill der angeblichen Leistungsverweigerer sorgt, könnte ersatzlos gestrichen werden.

In jedem Fall würde das Grundeinkommen einen anderen Umgang mit Zeit erlauben. Der Sozialpsychologe Harald Welzer schreibt dazu: »Gilt heute ausschließlich die Arbeitszeit als funktional sinnvoll verbrachte Zeit, würden in der nachhaltigen Moderne sowohl die mit Eigenarbeit verbrachte Zeiten als auch die des Nichtstuns gleich hoch bewertet werden können, da die Zeithoheit mehr auf die einzelne Person und ihre Bedürfnisse und Präferenzen verlagert würde.«[125] Zeit könnte, so Welzer, viel mehr zur eigenen, selbstbestimmten Zeit werden. Folgt man dem Schweizer Philosophen Stefan Brotbeck, ist das an der Zeit: »Wir brauchen mehr Muße, um nicht zu verblöden.«[126]

Zur Muße gehört, nicht mehr nur in der Freizeit selbstbestimmt leben zu können. Die Sinnstiftung in der Arbeit wird mehr und mehr zum tragenden Motiv. Ich will nicht mehr nur etwas ausführen, was andere sich ausgedacht haben, sondern selbst mitdenken, mitbestimmen und mitverantworten, um mich beim Arbeiten entwickeln und entfalten zu können.

Die Digitalisierung potenziert die Möglichkeiten der Rationalisierung und Produktivitätssteigerung gegenüber der industriellen Revolution abermals. Sie führt dazu, dass wir nicht nur in den Fabriken, sondern auch in vielen anderen Berufsfeldern enorme Veränderungen erleben werden. Alles, was berechenbar ist, wird automatisiert. Das betrifft den Banker ebenso wie die Frau an der Kasse und schon bald auch den Autofahrer.

Die Grenzen der Rationalisierung sind die Grenzen des Lebendigen. Nur das, was Menschen nicht ausführend, sondern selbstführend ergreifen, wird nicht automatisiert werden. Nur dort, wo selbst gedacht werden muss und nichts berechnet werden kann, finden sich die zukünftigen Berufe. Für das Anwenden und Kombinieren braucht es den Menschen weniger denn je, für alles Schöpferische und Selbstverantwortliche umso mehr. Freizeit wird dabei zum Auslaufmodell. Sie unterstellt, dass es eine Zeit gibt, während der ich auf meine Freiheit verzichte.

»Wer wirklich arbeitet, kann nicht mehr aufhören zu arbeiten«, schreibt der Schriftsteller Ludwig Hohl.[127] »Der wirklich Tätige kann sich nicht überheben. Überhebung tritt erst dann ein, wenn die Tätigkeit schon unvoll ist, Fehler aufzuweisen beginnt.«[128] Freizeit bedarf ich bei einer Arbeit, die Fehler aufzuweisen beginnt, da sie nicht wirklich meine Arbeit ist. Für meine Arbeit gilt: Sie führt mich zu mir selbst und stärkt mich. Ich will nicht von der Arbeit, sondern in der Arbeit frei werden: Freiheit II.

Verbindlichkeit durch Freiheit

Mit detaillierten Vorgaben und ausgeklügelten Rahmenbedingungen versuchen wir, Freiheit zu schaffen. Aber ist das noch zeitgemäß? Wollen wir unsere Freiheit auf Abgrenzungen und Verpflichtungen gründen? Anders gefragt: Wann schaffen Regeln Freiheit?

Die Fragen der Freiheit werden immer wieder neu zu verhandeln sein. Die Geschwindigkeitsbegrenzungen auf den Straßen nehmen uns zwar die Freiheit, so schnell zu fahren, wie wir wollen, aber sie geben uns auch die Freiheit, uns sicherer vorwärtszubewegen. Geschwindigkeitsbegrenzungen auf öffentlichen Straßen schaffen die Freiheit, sie sicherer zu befahren. Ebenso ist es bei der Lebensmittelgesetzgebung. Sie gibt nützliche Hygienestandards vor, führt wirkungsvolle Lebensmittelkontrollen durch und befördert Schulung und Bildung rund um die Lebensmittelproduktion und den Lebensmittelkonsum. Aber dass in Brüssel geregelt wird, welche Größe und welchen Krümmungswinkel die Gurken europaweit haben müssen, ist grotesk.

Freiheit ist mehr als weniger Staat. Die Aufgabe des Staates ist es, durch sinnvolle Regeln die Freiheit des Einzelnen zu ermöglichen. Das gewährleistet das bedingungslose Grundeinkommen: Es führt dazu, dass der Staat jedem Einzelnen einen Freiraum zur eigenen Lebensgestaltung garantiert, während die staatliche Einflussnahme auf das Leben des Einzelnen ansonsten abnimmt.

Wann schafft Freiheit Verbindlichkeit? Wenn sie nicht nur Wahlfreiheit zwischen geringeren Übeln ist. Wenn sie nicht nur Konsumfreiheit, sondern auch Produktionsfreiheit ist. Das bedingungslose Grundeinkommen schafft mehr Freiheit in der Produktion, mehr Freiheit in der Entscheidung, wofür und wie ich mich als Mensch einbringen und in welcher Form und in welchem Maße ich tätig sein will. Mit einem Grundeinkommen habe ich einen gesicherten Grund, unternehmerisch tätig zu werden. Das benötigte Geld ist nicht mehr ein Brett vor dem Kopf, sondern der Boden unter den Füßen. Ich kann loslegen. Ich bin freier zu überlegen, was ich tun will; freier zu überlegen, wo es mich braucht.

Scheitern für Fortgeschrittene

Wer ein bedingungsloses Grundeinkommen erhält, scheitert nicht an der fehlenden Grundlage, sondern an sich selbst. Scheitern ist nicht mehr existenzbedrohend und begründet sich in der Sache. Das Grundeinkommen schafft das Scheitern nicht ab, sondern eine menschliche Grundlage dafür. Beim Scheitern nicht unterzugehen, ist die Voraussetzung dafür, etwas daraus lernen zu können. Was nützt es, wenn ich scheitere, jedoch daraus nichts lernen kann?

Das Grundeinkommen ermöglicht, aus Fehlern besser zu lernen. Fehlerfähig zu sein, ist eine der wichtigsten Innovationsvoraussetzungen. Wer sich nicht getraut zu scheitern, der wagt nichts und wird untätig. Natürlich ist nicht jeder Mist gleich Dünger, doch ohne Mist gibt es gar keinen Dünger.

Wer aus Fehlern lernt, macht eine beglückende Erfahrung. Wer daraus folgert, man müsse systematisch Verhältnisse schaffen, in denen Menschen scheitern, zieht einen fatalen Fehlschluss. Scheitern kann jeder nur für sich allein. Wer das verhindert, indem er andere bewusst scheitern lässt, ist eine Innovationsbremse.

Das Grundeinkommen fängt auf. Man fällt nicht mehr durch, sondern höchstens um. Es ist wie das Sichern beim Klettern: Die Sicherung ermöglicht, Berge zu erklimmen, die man ohne Sicherung gar nicht erst besteigen würde. Es gibt die Sicherheit, dass man nicht abstürzt, falls man einen Fehler macht. Das Entscheidende ist: Das Sicherheitsseil kommt nicht erst zum Zug, wenn ein Fehler passiert, sondern es wird bereits vorher montiert. Und: Alle werden angeseilt, auch der Bergführer; auch derjenige, der sich noch keinen Ausrutscher erlaubt hat.

Das bedingungslose Grundeinkommen ist weder Belohnung noch Bestrafung. Es ist kein Erziehungsinstrument. Es ermöglicht Selbsterziehung, indem es das Scheitern enttabuisiert.

Eine fehlerfreundliche Gesellschaft ist flexibler und erfolgreicher als eine, die Fehler verteufelt. Deshalb ist es sinnvoll, für Fehler ein freundliches Netz aufzuspannen. Scheitern ist menschlich. Scheitern, dass uns die Existenzgrundlage raubt, ist unmenschlich. Das bedingungslose Grundeinkommen verringert die Fallhöhe beim Scheitern. Es erlaubt zu fallen und ermöglicht, wieder aufzustehen.

Der Tanz der Freiheit

Was ist Führung? Wie können Menschen geführt werden? Wie kann sich Führung rechtfertigen? Führung kann heute eigentlich nur noch ein Ziel haben: Selbstführung. Will Führung etwas anderes, diskreditiert sie sich. Wenn Führung nicht zur Selbstführung führen will, missbraucht sie jene, die sie führt. Führung lässt frei, wenn sie sich überflüssig machen will. Tut sie das nicht, dient sie der Abhängigkeit.

Die Frage lautet: Wem dient Führung? Der Freiheit oder der Abhängigkeit? Beispiel Tango: Da führt der Mann die Frau. Man könnte meinen, er sei der Bestimmer, der ihr zeige, wo's langgeht. Doch das ist ganz falsch. Der Herr führt die Dame im Dienste ihrer Bewegung. Er bestimmt nicht, was sie zu tun hat, sondern verschafft ihr den Spielraum für ihre Bewegung. Es geht um ein feines Zusammenspiel.

Für die Tänzerin ist es das Größte, sich dem Tänzer ganz hinzugeben, sich auf den von ihm geschaffenen Spielraum einzulassen und ihn auszukosten. Sie geht ganz mit, ohne sich dabei aufzugeben. Hingabe, die in Aufgabe verfließt, ist nicht attraktiv. Zurückhaltung, um Eigenständigkeit zu behaupten, auch nicht. Sich nicht einzulassen ist keine Eigenständigkeit.

Das Zauberwort, das Tänzerinnen und Tänzer verbindet, heißt Vertrauen. Die Tänzerinnen, die sich vertrauensvoll hingeben, ohne sich dabei aufzugeben, sind die begehrtesten. Sie sind es, welche die Männer über sich hinauswachsen lassen. Misstrauische Frauen lassen Männer erstarren und zwei linke Beine bekommen. Und wiederum ähnlich geht es Frauen, die von misstrauischen Männern und solchen, die Führung falsch verstehen, geführt werden. Sie können sich nicht hingeben, wenn der Mann alles oder nichts sein will. Sie stolpern dann über seine Beine oder stehen anderen auf den Füßen.

Führung im Dienste der Bewegung des anderen. Hingabe ohne Selbstaufgabe. Das sind die Herausforderungen des argentinischen Tangos. Wenn zwei ihn gekonnt tanzen, ist nicht mehr zu erkennen, wer führt und wer geführt wird. Beide führen einander in Freiräume, die sie ohne den anderen niemals betreten könnten. Führung wird Freiraumforschung.

Früher war es ein Erfolg, wenn man Menschen dazu bringen konnte, etwas auszuführen. So entstanden die ägyptischen Pyramiden und der Gotthardtunnel. In Zukunft wird es ein Erfolg sein, wenn man andere dazu befähigt, selbstverantwortlich tätig zu sein. Der gute Lehrer weiß es nicht besser, sondern dient seinem Schüler. Der gute Chef befiehlt nicht das Personal, sondern dient den Personen. Der gute Politiker repräsentiert nicht sich selbst, sondern dient seinen Wählern.

Freiheit ist ein heißer Tanz. Freiheit heißt nicht, unberührbar zu sein. Freiheit heißt, sich verbinden zu können. Freiheit kann man weder kaufen noch verordnen, man kann sie jedoch ermöglichen, indem man Selbstführung und -verantwortung begünstigt.

Bisher ist Freiheit immer zu erkämpfen oder zu erarbeiten gewesen. Erst die Befreiung von der Natur, dann die Befreiung von den Obrigkeiten, schließlich das Erringen von Bürgerrechten, das Wiederbeleben der Demokratie, der Kampf für bessere Arbeitsbedingungen, Emanzipation und freie Marktwirtschaft. In Zukunft wird Freiheit nicht mehr so sehr erkämpft oder erarbeitet, sondern vor allem ergriffen werden müssen.

Früher bestimmten äußere Strukturen den sozialen Zusammenhalt. Die Umstände, in die wir hineingeboren wurden, haben uns geführt. Die Blutsbande haben uns getragen, aber auch gefangen gehalten. Die autoritären Systeme waren gesetzt. Es kam keinem Knecht in den Sinn, Herr zu sein. Davon haben wir uns befreit und individualisiert. Freiheit ist da für jeden Einzelnen.

Die Zukunft ist die Gegenwart freier Verbindungen. Wahlverwandtschaften werden wichtiger. Wer sich über andere stellt, wird unterlegen sein. Wer die anderen ausnutzen will, wird leer ausgehen. Wer seine Freiheit in den Dienst der anderen stellt, der hört die Zukunftsmusik, die zum Tanz aufspielt.

Wie es weitergeht

Warum haben wir noch kein bedingungsloses Grundeinkommen? Weil wir noch nicht auf den Gedanken verzichten wollen, dass die anderen nichts mehr tun würden, wenn ihre Existenz bedingungslos gesichert wäre. Weil wir noch nicht darauf verzichten wollen, dass die anderen etwas tun müssen, damit ihre Existenz gesichert ist. Weil wir den anderen noch nicht die Eigenverantwortung zusprechen, die wir für uns selbst in Anspruch nehmen.

Das bedingungslose Grundeinkommen ist keine Revolution. Früher haben wir das Wasser am Dorfbrunnen geholt. Heute gibt es überall dort Wasserhähne, wo wir Wasser brauchen. Als die Idee aufkam, Wasserleitungen zu verlegen, waren die Bedenken groß: Dann treffen wir uns nicht mehr am Brunnen. Das Miteinander fällt auseinander. Und wer bitte kontrolliert, dass die anderen den Wasserhahn auch abstellen und nicht missbrauchen? Genauso selbstverständlich, wie der Wasserhahn heute für uns ist, wird das Grundeinkommen nach seiner Einführung sein.

Das bedingungslose Grundeinkommen ist nichts Zusätzliches, sondern der Verzicht auf überflüssige Bedingungen. Es lässt den Möglichkeiten freien Lauf. Wer sich selbst nicht beherrschen kann, der herrscht gern über andere. Das Grundeinkommen fördert die Selbstbeherrschung.

* * *

Demokratie ist eine permanente Konferenz zur Erörterung der Prioritätenfrage. Zwei Elemente spielen dabei zusammen: Die Verbindlichkeit der Gesetze, die gelten, und die Möglichkeit, dass diese immer wieder infrage gestellt und geändert werden können. Rechtssicherheit und Rechtsgestaltung sind die kongenialen Partner der Demokratie.

Die Schweizer Volksinitiative *Für ein bedingungsloses Grundeinkommen* fragt, was eigentlich dagegen spricht, die Existenz des Menschen bedingungslos zu sichern: Werden wir dann faul oder frei? Gefährlich oder gefügig? Motiviert oder mutlos?

Am Abend des Abstimmungssonntags werden zwei Balken für die Ja- und Nein-Stimmen auf den Bildschirmen zu sehen sein. Einige werden aus gutem Grund mit »Ja« gestimmt, deutlich mehr aus verschiedenen Gründen »Nein« gesagt haben. Die meisten werden zwar zweifeln, aber weiterdenken wollen: Ja, aber wer macht denn dann die Drecksarbeit? Ja, aber wie lässt sich das finanzieren? Ja, aber schafft das nicht den Sozialstaat ab? Ja, aber wer bildet sich denn dann noch aus? Ja, aber dann kommen doch sämtliche Ausländer? Ja, aber ist das nicht ungerecht? Das beste »Ja« ist das Ja zum Weiterdenken.

Volksinitiativen müssen nicht angenommen werden, um erfolgreich zu sein. Als die Schweiz 1989 über die Abschaffung der Armee abstimmte, bedeutete die Zustimmung von 36 Prozent den Anfang vom Ende der Armee. Zuvor war eine Karriere in der Armee Bedingung für den Aufstieg in Wirtschaft und Gesellschaft gewesen. Seither scheint eher ein Autoritätsproblem zu haben, wer auf die militärische Karriere nicht verzichten kann. Die Volksinitiative bewirkte ohne Mehrheit einen fundamentalen Wandel der Armee, da sie offenbarte, dass mehr als jeder dritte Schweizer bereit war, sie sogar ganz abzuschaffen. Dass 1989 die Berliner Mauer fiel, trug ebenfalls dazu bei.

Welche begrifflichen Mauern werden fallen, ehe das bedingungslose Grundeinkommen eingeführt wird? Wird es die Arbeit sein, die nicht mehr anders zu ermöglichen ist? Wird es die Kaufkraft sein, die nicht mehr anders zu gewährleisten ist? Wird es die Nachhaltigkeit sein, die nicht mehr anders sicherzustellen ist? In jedem Fall kommt das bedingungslose Grundeinkommen pragmatisch, nicht moralisch. Es kommt spätestens dann, wenn es nicht mehr anders geht.

* * *

Von Utopie sprechen wir für gewöhnlich, wenn jemand etwas vorschlägt, was wir nicht wollen oder uns nicht vorstellen können. Wer etwas vorschlägt, will was verändern. Wer das nicht will, greift schnell zum Wort Utopie, um den Status quo zu verteidigen. Das ist ein Widerspruch. Wenn etwas tatsächlich utopisch, also unrealisierbar ist, dann muss man sich nicht dagegen wehren, sondern kann es angstfrei und bedenkenlos betrachten. Wäre das bedingungslose Grundeinkommen eine Utopie, würde es nicht bekämpft.

Die Volksinitiative *Für ein bedingungsloses Grundeinkommen* schlägt vor, den Teil des Einkommens, den jeder unbedingt zum Leben braucht, bedingungslos zu gewährleisten. Wer das Unbedingte an Bedingungen knüpft, ist ungeschickt. Es ist unklug, wenn im Überfluss Mangel und in einer freien Gesellschaft Unfreiheit herrscht.

Das bedingungslose Grundeinkommen fordert nichts. Es geht nicht um mehr für die einen und weniger für die anderen. Es geht darum, das zu sichern, was jeden absichert. Nicht mehr, nicht weniger. Kein Grundeinkommen ist eine Utopie.

Anhang

Grundlagen der Volksabstimmung

Worüber wird bei der Volksinitiative *Für ein bedingungsloses Grundeinkommen* abgestimmt?

Es wird über die Aufnahme folgenden Artikels in die Schweizer Bundesverfassung abgestimmt:

Art. 110a (neu) Bedingungsloses Grundeinkommen
1. Der Bund sorgt für die Einführung eines bedingungslosen Grundeinkommens.
2. Das Grundeinkommen soll der ganzen Bevölkerung ein menschenwürdiges Dasein und die Teilnahme am öffentlichen Leben ermöglichen.
3. Das Gesetz regelt insbesondere die Finanzierung und die Höhe des Grundeinkommens.

Was ist das bedingungslose Grundeinkommen?

Das bedingungslose Grundeinkommen ist ein Grundrecht. Es garantiert den Teil des Einkommens bedingungslos, den jeder unbedingt zum Leben braucht. Als Grundrecht wird es ohne Gegenleistung oder Bedürftigkeitsprüfung gewährt.

Wer erhält das bedingungslose Grundeinkommen?

Das bedingungslose Grundeinkommen wird an die gesamte Bevölkerung eines Landes ausgezahlt, also an alle, die dort rechtmäßig leben. Eine Frist regelt den Bezug des Grundeinkommens für Aus- und Zuwanderer.

Wie hoch ist das bedingungslose Grundeinkommen?

Das bedingungslose Grundeinkommen ermöglicht ein menschenwürdiges Dasein sowie die Teilnahme am öffentlichen Leben. In der Schweiz ist mit monatlich 2500 Franken pro Person zu rechnen. Kinder bedürfen weniger. Die Höhe des Grundeinkommens ist politisch zu bestimmen.

Wie wird das bedingungslose Grundeinkommen transferiert?

Wie das bedingungslose Grundeinkommen transferiert wird, bleibt zu entscheiden. Entweder wird es direkt nach dem Maß der Ausgaben (als Konsumabgabe) oder indirekt nach dem Maß der Einnahmen (als Leistungsabgabe) erhoben. So oder so wird es Kostenbestandteil der Preise.

Wie wird das bedingungslose Grundeinkommen finanziert?

Die Finanzierung des bedingungslosen Grundeinkommens ist monetär ein Nullsummenspiel. Da jeder ein Grundeinkommen erhalten wird, sinken die bestehenden Einkommen im Prinzip in Höhe des Grundeinkommens. Für den Staat und die Unternehmen sinken entsprechend die Kosten für die Einkommen, die sie auszahlen, in Höhe des Grundeinkommens. Die Gesamtkosten bleiben gleich, da die Abgaben, die das Grundeinkommen finanzieren, entsprechend steigen.

Was kostet das bedingungslose Grundeinkommen?

Über ein bedingtes Grundeinkommen verfügt bereits jeder, sonst könnte er heute nicht leben. Neu am bedingungslosen Grundeinkommen ist die Bedingungslosigkeit. Sie kostet nicht Geld, sondern Vertrauen. Würden wir aufgrund der Bedingungslosigkeit untätig werden, wäre das bedingungslose Grundeinkommen dauerhaft nicht finanzierbar. Die eigentliche Finanzierungsfrage lautet: Wie wird sich die bedingungslose Existenzsicherung auf unser Tätigsein auswirken?

Ein betriebswirtschaftliches Beispiel

Nehmen wir ein Schweizer Erwerbseinkommen von monatlich 7500 Franken. Mit Grundeinkommen setzt es sich folgendermaßen zusammen: 2500 Franken Grundeinkommen; 5000 Franken Erwerbseinkommen. Das Gesamteinkommen bleibt gleich: 7500 Franken.

Der volkswirtschaftliche Kontext

Das Volumen aller Grundeinkommen in der Schweiz beträgt jährlich rund 200 Milliarden Franken. Das entspricht etwa einem Drittel des Bruttoinlandsprodukts. Von den 200 Milliarden Franken können 130 Milliarden Franken der bestehenden Erwerbseinkommen zu bedingungslosen Grundeinkommen umgewandelt werden. Die restlichen 70 Milliarden Franken sind bestehende staatliche Transfereinkommen, die das Grundeinkommen bedingungslos machen kann.

Glossar der Missverständnisse

Lohn für alle

Lohn ist die Vergütung der Leistung eines Arbeiters. Das bedingungslose Grundeinkommen ist, anders als alle Lohnformen, nicht an eine Gegenleistung gebunden. Es ist bedingungslos. Es ist keine Bezahlung. Lohn ist das, was man durch Erwerbsarbeit verdient. Das bedingungslose Grundeinkommen ist das, was man für jede Arbeit braucht.

Geld für nichts

Zu glauben, das bedingungslose Grundeinkommen sei dafür da, nicht zu arbeiten, ist irrtümlich. Das Grundeinkommen stellt einen frei zu arbeiten, sich zu engagieren, initiativ zu werden. Der Irrtum basiert auf der Annahme, dass Arbeit nichts anderes als eine Zwangsmaßnahme sei. Gemäß dieser Annahme tun wir nichts, wenn wir nichts mehr tun müssen. Das bedingungslose Grundeinkommen raubt nicht die Arbeitsmotivation, sondern steigert sie, indem es verhindert, dass aus existenziellen Gründen sinnlos gejobbt werden muss.

Mehr Geld

Das bedingungslose Grundeinkommen ist kein zusätzliches, sondern ein grundsätzliches Einkommen. Wäre das Grundeinkommen ein zusätzliches Einkommen, wäre es utopisch. Genau das denken viele: Gute Idee, aber leider nicht finanzierbar. Das bedingungslose Grundeinkommen befreit alle bestehenden Einkommen im Bereich der Existenzsicherung von den Bedingungen. Es gewährt den Sockel der bestehenden Einkommen bedingungslos. Das betrifft die Erwerbseinkommen ebenso wie staatliche und private Transfereinkommen. Nur wer heute weniger als das Grundeinkommen (also das Lebensnotwendige) auf dem Konto oder eine Erwerbsarbeit hat, die unterbezahlt ist, hat dank des Grundeinkommens schließlich mehr. Diese Investition zahlt sich durch die bessere Konsum- und Leistungsfähigkeit der Grundeinkommensgesellschaft aus.

Weniger Sozialstaat

Das bedingungslose Grundeinkommen schafft den Sozialstaat nicht ab. Es ersetzt die bestehenden Sozialleistungen in seiner Höhe. Alle Sozialleistungen auf das Niveau des Grundeinkommens abzusenken ist ein neoliberaler Trick, auf den Sozialdemokraten hereinfallen. Sie fürchten, das Grundeinkommen könnte ihre Verdienste um die bestehenden Sozialleistungen gefährden. Das Gegenteil ist der Fall: Das bedingungslose Grundeinkommen gestaltet die Sozialleistungen freier, indem es sie um die Selbstbestimmung erweitert.

Nur für gute Menschen

Das bedingungslose Grundeinkommen sei, so ein häufiges Missverständnis, nur etwas für gute Menschen. Es setze ein idealistisches Menschenbild voraus. Da die Menschen jedoch nicht nur gut seien, sei die Idee des Grundeinkommens zwar gut, aber leider realitätsfern. Dahinter steht die Vorstellung, dass es unverantwortlich sei, jemandem die Existenz zu sichern, ohne dass er etwas

Gutes tut. Das verkehrt das Anliegen des Grundeinkommens: Wir sind als Gesellschaft nicht für die Fehler des Einzelnen verantwortlich, sondern dafür, dass er Fehler machen kann, ohne die Existenz zu verlieren. Das Grundeinkommen setzt keine guten Menschen voraus, sondern hilft jedem Einzelnen, dass sich das Gute in ihm zeigen kann.

Drecksarbeit bleibt liegen

Und wer macht dann die Drecksarbeit? Diese Frage ist sehr beliebt und taucht in verschiedensten Abwandlungen auf: Würde das bedingungslose Grundeinkommen nicht falsche Arbeitsanreize setzen? Warum sollten wir noch arbeiten, wenn wir bereits ein Grundeinkommen hätten? Wer arbeitet schon freiwillig? Allen Abwandlungen gemeinsam ist, dass die Frage gar keine Frage, sondern eine Behauptung in Frageform ist. Die eigentliche Frage lautet: Was macht Arbeit dreckig? Dass sie den Dreck wegmacht? Dass wir sie schlecht bezahlen? Dass wir sie nicht wertschätzen? Dreckig ist nicht die Arbeit, dreckig sind die Umstände. Das deckt das Grundeinkommen auf. Das Grundeinkommen putzt die Drecksarbeit.

Inflationsgefahr

Wer der Ansicht ist, das bedingungslose Grundeinkommen sei ein zusätzliches, kein grundsätzliches Einkommen, der befürchtet zugleich, dass es zu einer Inflation führen würde. Da das Grundeinkommen im Prinzip jedoch nicht mehr, sondern bedingungsloses Geld für den Einzelnen bedeutet, ändern sich prinzipiell weder Einkommen noch Preise. Steigen werden im Einzelfall die Preise und Einkommen, die heute zu niedrig sind, sinken werden jene, die zu hoch sind.

Umverteilungsinstrument

Der Wunsch oder das Grauen davor, dass mithilfe des bedingungslosen Grundeinkommens eine Umverteilung zwischen Arm und Reich stattfindet, tauchen immer wieder auf. Das Grundeinkommen erfüllt jedoch weder den Wunsch danach, noch begründet es die Angst davor. Es verteilt nicht Geld um, sondern Macht. Es ermächtigt jeden, sich nicht der Macht des Geldes beugen zu müssen.

Nur weltweit einzuführen

Nicht selten ist das Argument zu vernehmen, dass es doch unmoralisch sei, das bedingungslose Grundeinkommen in der fetten Schweiz einzuführen, solange es anderen Ländern schlechter gehe, ganz zu schweigen von den Millionen Hungerleidenden weltweit. Zwar stimmt es, dass es ein Hohn ist, sich hier um Luxusprobleme zu kümmern, während woanders existenzielle Not herrscht. Aber dennoch ist es ein falscher Einwand gegen das Grundeinkommen. Natürlich löst es, wenn es in der Schweiz eingeführt wird, nicht das Welternährungsproblem. Doch der Gedanke, etwas Gutes nicht zu tun, weil es woanders nicht getan wird, ist kurzsichtig. Das Grundeinkommen hilft, die Kurzsichtigkeit zu heilen und den Blick für das zu weiten, was andernorts fehlt.

Migrationsanreiz

Würden nicht alle Ausländer kommen, wenn das bedingungslose Grundeinkommen kommt? Nein. Die Migrationsberechtigung regelt das Einwanderungsgesetz. Die Frage der Migration stellt sich unabhängig vom Grundeinkommen, zumal die Motive zur Migration weniger in den Möglichkeiten des fremden als in den Unmöglichkeiten des Heimatlandes liegen.

Herdprämie

Wenn man einfach so Geld bekommt, dann muss das einen Haken haben. Niemandem wird einfach so etwas geschenkt. Was also ist der Haken des bedingungslosen Grundeinkommens? Die einen sagen, es sei eine Herdprämie, also Geld, das die emanzipierten Hausfrauen oder Hausmänner wieder an den Herd binde. Diese Angst ist unbegründet. Das Grundeinkommen ist bedingungslos in die Hände des Einzelnen gelegt. Er entscheidet, was er will. Andere sagen, das Grundeinkommen sei eine Schweigeprämie. Man erhalte es, damit man die Klappe halte. Es sei eine Art Geldpille, die uns ruhigstelle und widerstandslos mache. Auch das ist abwegig. Das bedingungslose Grundeinkommen ist kein Schweigegeld, sondern Geld für die eigene Stimme.

Anmerkungen

1   Ludwig Hohl: Die Notizen oder Von der unvoreiligen Versöhnung, Frank-
    furt 1984, S. 32.

2   Vgl. Jean Ziegler: Wir lassen sie verhungern. Die Massenvernichtung in der
    Dritten Welt, München 2013.

3   Vgl. Georges Bataille: Das theoretische Werk I: Die Aufhebung der Ökono-
    mie, München 1975.

4   Peter Sloterdijk: Laudatio auf Götz W. Werner anlässlich seiner Aufnahme in
    die Hall of Fame des Manager Magazins, 13.06.2012, URL: http://www.
    unternimm-die-zukunft.de/media/medialibrary/2012/06/laudatio_sloter-
    dijk.pdf (30.05.2015).

5   Vgl. Deutsches Institut für Wirtschaftsforschung: Chinas Wirtschaft – Wie
    geht es weiter?, DIW Wochenbericht, Nr. 41/2013, URL: http://www.diw.
    de/documents/publikationen/73/diw_01.c.429028.de/13-41.pdf
    (30.05.2015).

6   Vgl. Bundesamt für Statistik: Sparquote privater Haushalte, 03.09.2013,
    URL: http://www.bfs.admin.ch/bfs/portal/de/index/themen/00/09/blank/
    ind42.indicator.420004.420001.html (30.05.2015).

7   Rolf Zimmermann: »Vollbeschäftigung bleibt das Ziel«, Die Wochenzeitung,
    Nr. 16/2012, URL: https://www.woz.ch/-29e1 (30.05.2015).

8   Vgl. Lutz Haverkamp: Angela Merkel erklärt Vollbeschäftigung zum politi-
    schen Ziel, Der Tagesspiegel, 09.09.2013, URL: http://www.tagesspiegel.de/
    politik/ard-wahlarena-angela-merkel-erklaert-vollbeschaeftigung-zum-poli-
    tischen-ziel/8765294.html (30.05.2015).

9   Jeremy Rifkin: »Wir verlieren unsere Arbeit an Maschinen«, The European,
    Nr. 1/2015, URL: http://www.theeuropean.de/jeremy-rifkin/9333-die-zu-
    kunft-der-arbeitswelt (30.05.2015).

10   Vgl. Joachim Laukenmann: Menschheit steht vor dem größten Umbruch seit der industriellen Revolution, Sonntagszeitung, Nr. 1/2015, URL: http://www.sonntagszeitung.ch/read/sz_04_01_2015/gesellschaft/Menschheit-steht-vor-dem-groessten-Umbruch-seit-der-industriellen-Revolution-23180 (30.05.2015).

11   Jeremy Rifkin: Das Ende der Arbeit und ihre Zukunft. Neue Konzepte für das 21. Jahrhundert, Frankfurt 2005, S. 189.

12   Robert Solow: Arbeit ohne Ende, The European, Nr. 3/2013, URL: http://www.theeuropean.de/robert-solow/7088-angst-vor-der-automatisierung-der-arbeit (30.05.2015).

13   Theo Wehner, Sascha Liebermann: »Das bedingungslose Grundeinkommen macht nicht faul«, Zeit Online, 30.12.2011, URL: http://www.zeit.de/politik/deutschland/2011-12/bedingungsloses-grundeinkommen-interview (30.05.2015).

14   Vgl. The Economist: The next supermodel, 02.02.2013, URL: http://www.economist.com/news/leaders/21571136-politicians-both-right-and-left-could-learn-nordic-countries-next-supermodel (30.05.2015).

15   Vgl. Jürgen Hoffmann: Roboter erobern deutsche Haushalte, Spiegel Online, 06.04.2013, URL: http://www.spiegel.de/wirtschaft/robotik-roboter-erobern-haushalte-a-888178.html (30.05.2015).

16   Vgl. Sandra Schulz: Paro, der Glücklichmach-Roboter, Spiegel Online, 24.10.2006, URL: http://www.spiegel.de/panorama/gesellschaft/pluesch-tech-fuer-senioren-paro-der-gluecklichmach-roboter-a-443593.html (30.05.2015).

17   2. Thess 3, 10.

18   Vgl. Götz W. Werner: Einkommen für alle. Der dm-Chef über die Machbarkeit des bedingungslosen Grundeinkommens, Köln 2007, S. 60f.

19   Bertolt Brecht: Die Dreigroschenoper, Frankfurt 1968, S. 70.

20   Vgl. André Gorz: Wege ins Paradies. Thesen zur Krise, Automation und Zukunft der Arbeit, Berlin 1984.

21   Vgl. Helmut Gold (Hrsg.): Wer nicht denken will, fliegt raus. Joseph Beuys Postkarten, Heidelberg 1998.

22   Wassily Leontief: Input-Output-Economics, New York 1986, S. 372.

23   Vgl. Claudia Aebersold: Zahnpastaverkäufer und Philanthrop, Neue Zürcher Zeitung, 13.01.2014, URL: http://www.nzz.ch/wirtschaft/zahnpastaver-kaeufer-und-philanthrop-1.18219733 (30.05.2015).

24   Vgl. Hannah Arendt: Vita activa oder Vom tätigen Leben, München 2007, S. 13.

25   Vgl. Steve Denning: Is Montessori The Origin of Google & Amazon?, For-
     bes, 08.02.2011, URL: http://www.forbes.com/sites/stevedenning/2011/
     08/02/is-montessori-the-origin-of-google-amazon/ (30.05.2015).

26   Vgl. Daniel H. Pink: Drive. Was Sie wirklich motiviert, Salzburg 2010.

27   Vgl. Uri Gneezy, Aldo Rustichini: Pay Enough or Don't Pay at All, Quarterly
     Journal of Economics, Nr. 115/2000, S. 791-810, URL: http://pages.uore-
     gon.edu/harbaugh/Readings/Misc%20experimental/gneezy%202000%20
     QJE%20pay%20enough.pdf (30.05.2015).

28   Vgl. Matthias Benz, Bruno S. Frey: The value of doing what you like. Evi-
     dence from the self-employed in 23 countries, Journal of Economic Behavior
     & Organization, Nr. 68/2008, S. 445-455, URL: https://www.hanley.wiso.
     uni-kiel.de/downloads/seminar-2014/seminar_benz_sme.pdf (30.05.2015).

29   Mt 4, 4.

30   Karl-Martin Dietz: Führung: Was kommt danach? Perspektiven einer Neu-
     bewertung von Arbeit und Bildung, Karlsruhe 2011, S. 32.

31   Vgl. Wolfgang Brückner: »Arbeit macht frei«. Herkunft und Hintergrund
     der KZ-Devise, Opladen 1998.

32   Vgl. Arena: Geld für alle: Vision oder Spinnerei?, Schweizer Fernsehen SRF,
     27.04.2012, URL: http://www.srf.ch/play/tv/arena/video/geld-fuer-alle-vi-
     sion-oder-spinnerei?id=b657de9a-7fad-4920-953c-df1bfe5b59aa
     (30.05.2015).

33   Michael Schoenenberger: Das Grundeinkommen raubt dem Menschen seine
     Freiheit, Neue Zürcher Zeitung, 13.04.2012, URL: http://www.nzz.ch/aktu-
     ell/startseite/das-grundeinkommen-raubt-dem-menschen-seine-frei-
     heit-1.16412086 (30.05.2015).

34   Rudolf Strahm: Süßer Traum: Das bedingungslose Grundeinkommen, Info-
     sperber, 12.06.2012, URL: http://www.infosperber.ch/FreiheitRecht/Susser-
     Traum-Das-bedingungslose-Grundeinkommen (30.05.2015).

35   Philipp Müller, Daniel Häni: »Epochale Entscheidung« – »Jeder Anreiz fällt
     weg«, Aargauer Zeitung, 17.10.2012, URL: http://www.grundeinkommen.
     ch/wp-content/uploads/Aargauer_Zeitung_Mittwoch_17_Oktober_20121.
     pdf (30.05.2015).

36   Katja Gentinetta: Freiheit für alle – Verantwortung für alle andern, philosophie.
     ch, 21.11.2014, URL: http://blogs.philosophie.ch/grundeinkommen/2014/
     11/21/freiheit-fuer-alle-verantwortung-fuer-alle-andern/ (30.05.2015).

37   Reiner Eichenberger: »Ein Grundeinkommen führt zur Knechtschaft und
     nicht zur Freiheit«, Neue Zürcher Zeitung, 06.12.2010, URL: http://www.
     nzz.ch/aktuell/startseite/ein-grundeinkommen-fuehrt-zur-knechtschaft-
     und-nicht-in-die-freiheit-1.8572095 (30.05.2015).

38 Gregor Gysi: Frage zum Thema Demokratie und Bürgerrechte, abgeordnetenwatch.de, 26.11.2012, URL: http://www.abgeordnetenwatch.de/dr_gregor_gysi-575-37621--f362022.html#q362022 (30.05.2015).

39 Beat Kappeler: Bedingungsloses Grundeinkommen ist unüberlegt, unliberal, asozial, Neue Zürcher Zeitung, 27.03.2011, URL: http://www.nzz.ch/aktuell/startseite/mein-standpunkt-bedingungsloses-grundeinkommen-ist-unueberlegt-unliberal-asozial-1.10040045 (30.05.2015).

40 Christoph Mörgeli: Schlaraffenland und Steuerhölle, Weltwoche, Nr. 41/2013, URL: http://www.weltwoche.ch/ausgaben/2013-41/moergeli-schlaraffenland-und-steuerhoelle-die-weltwoche-ausgabe-412013.html (30.05.2015).

41 Patrick Feuz: So werden wir nicht glücklicher, Tages-Anzeiger, 30.08.2014, URL: http://www.tagesanzeiger.ch/schweiz/standard/So-werden-wir-nicht-gluecklicher/story/22006694 (30.05.2015).

42 Hansueli Schöchli: Per Dekret ins Paradies, Neue Zürcher Zeitung, 02.10.2013, URL: http://www.nzz.ch/aktuell/startseite/per-dekret-ins-paradies-1.18159926 (30.05.2015).

43 Vgl. Balz Ruchti, Yaël Debelle, Peter Johannes Meier: Geld für alle: Kann das gutgehen?, Beobachter, Nr. 20/2013, URL: http://www.beobachter.ch/geld-sicherheit/sozialhilfe/artikel/bedingungsloses-grundeinkommen_geld-fuer-alle-kann-das-gutgehen/ (30.05.2015).

44 Daniela Schneeberger: Das bedingungslose Grundeinkommen ist bedingungslos abzulehnen, Tages-Anzeiger, 14.10.2013, URL: http://politblog.tagesanzeiger.ch/blog/index.php/author/daniela-schneeberger/?lang=de (30.05.2015).

45 Manfred Rösch: »Komfortable Stallfütterung«, Finanz und Wirtschaft, 15.10.2013, URL: http://www.fuw.ch/article/komfortable-stallfutterung-2/ (30.05.2015).

46 Oswald Sigg, Corrado Pardini: Streit um eine Utopie, Tageswoche, 12.10.2012, URL: http://www.tageswoche.ch/de/2012_41/schweiz/469680/ (30.05.2015).

47 Lukas Rühli: Einkommen ohne Grund. Warum das bedingungslose Grundeinkommen keines seiner Versprechen hält, avenir standpunkte, Nr. 5/2014, URL: http://www.avenir-suisse.ch/wp-content/uploads/2014/04/as_grundeinkommen_hp.pdf (30.05.2015).

48 Rainer Hank, Götz W. Werner: Brüderlichkeit und Grundeinkommen: Wie funktioniert heute Solidarität?, SWR2 Forum, 02.09.2010, URL: http://www.swr.de/swr2/service/audio-on-demand/-/id=661264/did=6845716/pv=mplayer/vv=popup/nid=661264/1dannw0/index.html (30.05.2015).

49 Otfried Höffe: Das Unrecht des Bürgerlohns, Frankfurter Allgemeine Zeitung, 22.12.2007.

50 Vgl. Klipp & Klar: 1500 Euro fürs Nichtstun! Grundeinkommen statt Hartz IV?, RBB, 26.09.2006, URL: http://www.rbb-online.de/_/klippundklar/beitrag_jsp/key=rbb_beitragex_4828440.html (30.05.2015).

51 Wolfgang Kersting: Theorien der sozialen Gerechtigkeit, Stuttgart 2000, S. 272f.

52 Julian Nida-Rümelin: Zur Kritik der Idee eines bedingungslosen Grundeinkommens, Neue Gesellschaft/Frankfurter Hefte, Nr. 7-8/2008, URL: http://www.frankfurter-hefte.de/upload/Archiv/2008/Heft_07-08/NGFH_Jul-Aug_08_Archiv_Nida-Rmelin.pdf (30.05.2015).

53 Angela Merkel: Enquete Kommission Grundeinkommen, direktzu.de, 08.02.2008, URL: http://www.direktzu.de/kanzlerin/messages/15587 (30.05.2015).

54 Sahra Wagenknecht: Frage zum Thema Soziales, abgeordnetenwatch.de, 14.05.2008, URL: http://www.abgeordnetenwatch.de/sarah_wagenknecht_niemeyer-651-12385--f105280.html#q105280 (30.05.2015).

55 Oswald Metzger: »Ich bin auf dem Sprung«, Stern Online, 20.11.2007, URL: http://www.stern.de/politik/deutschland/oswald-metzger-ich-bin-auf-dem-sprung-603071.html (30.05.2015).

56 Norbert Blüm: Wahnsinn mit Methode, Die Zeit, Nr. 17/2007, URL: http://www.zeit.de/2007/17/Grundeinkommen (30.05.2015).

57 Heiner Flassbeck: Helikoptergeld – oder wer über das Kuckucksnest fliegt, flassbeck-economics, 11.03.2015, URL: http://www.flassbeck-economics.de/helikoptergeld-oder-wie-springt-man-ueber-das-kuckucksnest/?output=pdf (30.05.2015).

58 Vgl. Schweizerischer Bundesrat: Botschaft zur Volksinitiative »Für ein bedingungsloses Grundeinkommen«, Bundesblatt, Nr. 37/2014, URL: https://www.admin.ch/opc/de/federal-gazette/2014/6551.pdf (30.05.2015).

59 Bruno S. Frey: Wie vertragen sich direkte Demokratie und Wirtschaft?, Neue Zürcher Zeitung, 19.03.2014, URL: http://www.nzz.ch/meinung/debatte/wie-vertragen-sichdirekte-demokratie-und-wirtschaft-1.18265687 (30.05.2015).

60 Andreas Gross: Das Grundeinkommen und das Selbstverständnis der Demokratie. Redebeitrag anlässlich der Basler Tagung der Stiftung Kulturimpuls Schweiz, 25.01.2014, URL: http://www.andigross.ch/ (30.05.2015).

61 Vgl. Felix Schindler: Volk schmettert Mindestlohn ab, Tages-Anzeiger, 18.05.2014, URL: http://www.tagesanzeiger.ch/schweiz/standard/Volk-schmettert-Mindestlohn-ab/story/31933204 (30.05.2015).

62 Vgl. Raphaela Birrer: 1:12-Initiative scheitert mit 65,3 Prozent, Tages-Anzeiger, 24.11.2013, URL: http://www.tagesanzeiger.ch/schweiz/standard/112Initiative-scheitert-mit-653-Prozent/story/12027169 (30.05.2015).

63 Stefan Brotbeck: Vergällte Freiheit? Zur Phänomenologie der Unfreiheit, in: Götz W. Werner, Peter Dellbrügger (Hrsg.): Wozu Führung? Dimensionen einer Kunst, Karlsruhe 2013, S. 3; vgl. Stefan Brotbeck: Heute wird nie gewesen sein. Aphorismen, Basel 2011, S. 129.

64 Vgl. Peter Normann Waage: Ich. Eine Kulturgeschichte des Individuums, Stuttgart 2014.

65 Arno Widmann: Familie als Lebensabschnitt, Berliner Zeitung, 12.02.2014, URL: http://www.berliner-zeitung.de/meinung/leitartikel-zum-elternunter-halt-familie-als-lebensabschnitt,10808020,26175988.html (30.05.15).

66 Gustav Radbruch: Vorschule der Rechtsphilosophie, Göttingen 1959, S. 25.

67 Vgl. Yannick Vanderborght, Philippe Van Parijs: Ein Grundeinkommen für alle? Geschichte und Zukunft eines radikalen Vorschlags, Frankfurt 2005, S. 21.

68 Vgl. BIEN-Schweiz (Hrsg.): Die Finanzierung eines bedingungslosen Grundeinkommens, Zürich 2010; Dirk Jacobi, Wolfgang Strengmann-Kuhn (Hrsg.): Wege zum Grundeinkommen, Berlin 2012; Helmut Pelzer: Das bedingungslose Grundeinkommen. Finanzierung und Realisierung nach dem mathematisch fundierten Transfergrenzen-Modell, Stuttgart 2010; Thomas Straubhaar (Hrsg.): Bedingungsloses Grundeinkommen und Solidarisches Bürgergeld – mehr als sozialutopische Konzepte, Hamburg 2008; André Presse: Grundeinkommen. Idee und Vorschläge zu seiner Realisierung, Karlsruhe 2010; Götz W. Werner, Wolfgang Eichhorn, Lothar Friedrich (Hrsg.): Das Grundeinkommen. Würdigung – Wertungen – Wege, Karlsruhe 2012; Götz W. Werner, André Presse (Hrsg.): Grundeinkommen und Konsumsteuer. Impulse für »unternimm die zukunft«, Karlsruhe 2007.

69 Oswald von Nell-Breuning: Worauf es mir ankommt. Zur sozialen Verantwortung, Freiburg 1983, S. 62.

70 Vgl. Daniel Häni, Enno Schmidt: Grundeinkommen. Das Heft zum Film, Basel 2008, S. 12.

71 Vgl. Max Weber: Wirtschaft und Gesellschaft. Grundriss der verstehenden Soziologie, Tübingen 2002.

72 Vgl. Hannah Arendt: Macht und Gewalt, München 2003.

73 Götz W. Werner: »Das manische Schauen auf Arbeit macht uns alle krank«, Stern, Nr. 17/2006, URL: http://www.stern.de/wirtschaft/job/grundversorgung-das-manische-schauen-auf-arbeit-macht-uns-alle-krank-560218.html (30.05.2015).

74 Jean Ziegler: »Zeit ist menschliches Leben«, a tempo, Nr. 10/2006.

75 Peter Ulrich: »Der Kapitalismus hat nicht gesiegt«, Südkurier, 21.05.2005, URL: http://www.aktive-demokraten.de/pdfs/Suedkurier-21-05-05.pdf (30.05.2015).

76 Oswald Sigg: »Es braucht eine AHV ab dem ersten Lebensjahr!«, Tages-Anzeiger, 27.08.2014, URL: http://www.tagesanzeiger.ch/schweiz/standard/Es-braucht-eine-AHV-ab-dem-ersten-Lebensjahr/story/29119687 (30.05.2015).

77 Marina Weisband: »Vollbeschäftigung halte ich für rückständig«, Kurier, 27.09.2013, URL: http://kurier.at/politik/ausland/marina-weisband-im-interview-ueber-politik-piraten-und-plaene/28.547.414 (30.05.2015).

78 Vgl. Eco: Klaus W. Wellershoff zum Grundeinkommen, Schweizer Fernsehen SRF, 18.04.2011, URL: http://www.srf.ch/play/tv/eco/video/klaus-wellershoff-zum-grundeinkommen?id=472cf99f-e8bc-4cfd-89a4-b6736f-6f0ab6 (30.05.2015).

79 Linard Bardill: Debattiert, Leute!, coopzeitung, Nr. 20/2012, URL: http://www.coopzeitung.ch/3838704?rs.score=1&rs.name=pageRating&rs.item=c bi%3A%2F%2Fcms%2F3838707 (30.05.2015).

80 Vgl. Balz Ruchti, Yaël Debelle, Peter Johannes Meier: Geld für alle: Kann das gutgehen?, Beobachter, Nr. 20/2013, URL: http://www.beobachter.ch/geld-sicherheit/sozialhilfe/artikel/bedingungsloses-grundeinkommen_geld-fuer-alle-kann-das-gutgehen/ (30.05.2015).

81 Ralph Boes: Bedingungsloses Grundeinkommen – Wie ist das zu denken?, BbG Berlin, URL: http://www.buergerinitiative-grundeinkommen.de/fuer-grundeinkommen/sheets/TEXT%20WAHL.pdf (30.05.2015).

82 Hans-Christian Ströbele: Frage zum Thema Soziales, abgeordnetenwatch.de, 24.11.2012, URL: http://www.abgeordnetenwatch.de/hans_christian_stroebele-575-37994--f361880.html#q361880 (30.05.2015).

83 Katja Kipping: Trojanisches Pferd für 950 Euro, n-tv, 05.03.2009, URL: http://www.n-tv.de/politik/dossier/Trojanisches-Pferd-fuer-950-Euro-article58772.html (30.05.2015).

84 Susanne Wiest: Rede vor dem Petitionsausschuss des Deutschen Bundestages, 08.11.2010, URL: http://www.archiv-grundeinkommen.de/petitionen/susanne-wiest/20101108-Rede-Susanne-Wiest-Bundestag-Petitionausschuss.pdf (30.05.2015).

85 Claus Offe: Familienleistung jenseits der Marktarbeit – das bedingungslose Grundeinkommen, in: Kurt Biedenkopf, Hans Bertram, Elisabeth Niejahr: Starke Familie – Solidarität, Subsidiarität und kleine Lebenskreise. Bericht

der Kommission »Familie und demographischer Wandel« der Robert Bosch Stiftung, Stuttgart 2009, S. 134.

86 Michael Opielka: Grundeinkommen als umfassende Sozialreform – Zur Systematik und Finanzierbarkeit am Beispiel des Vorschlags Solidarisches Bürgergeld, in: Thomas Straubhaar (Hrsg.): Bedingungsloses Grundeinkommen und Solidarisches Bürgergeld – mehr als sozialutopische Konzepte, Hamburg 2008, S. 168.

87 Theo Wehner, Sascha Liebermann: »Das bedingungslose Grundeinkommen macht nicht faul«, Zeit Online, 30.12.2011, URL: http://www.zeit.de/politik/deutschland/2011-12/bedingungsloses-grundeinkommen-interview (30.05.2015).

88 Dieter Althaus: Grundeinkommen für alle? Eine machbare Revolution, Die Welt, 26.11.2007, URL: http://www.welt.de/debatte/kommentare/article6070690/Grundeinkommen-fuer-alle-Eine-machbare-Revolution.html (30.05.2015).

89 Thomas Straubhaar: Warum Grundeinkommen gut zu den Piraten passt, Die Welt, 13.05.2013, URL: http://www.welt.de/wirtschaft/article116116985/Warum-Grundeinkommen-gut-zu-den-Piraten-passt.html (30.05.2015).

90 Kurt Regotz: Zur Volksinitiative für ein bedingungsloses Grundeinkommen, Schiffbau Zürich, 21.04.2012, URL: https://vimeo.com/42200047 (30.05.2015).

91 Richard David Precht: »Schafft die Parteien ab!«, Cicero, Nr. 7/2009, URL: http://www.cicero.de/salon/%E2%80%9Eschafft-die-parteien-ab%E2%80%9C/39869 (30.05.2015).

92 Sascha Liebermann: Freiheit ermöglichen, Solidarität stärken, Leistung fördern – durch ein bedingungsloses Grundeinkommen für alle Bürger, in: Daniela Schneckenburger (Hrsg.): Freiheit statt Vollbeschäftigung? Ein Reader zur Debatte um bedingungsloses Grundeinkommen und Grundsicherung, Düsseldorf 2006, S. 27.

93 Jakob Augstein: Fairness ist Zufall, Spiegel Online, 10.02.2011, URL: http://www.spiegel.de/politik/deutschland/s-p-o-n-im-zweifel-links-fairness-ist-zufall-a-744587.html (30.05.2015).

94 Vgl. Sternstunde Philosophie: David Graeber – Warum uns Schulden versklaven, Schweizer Fernsehen SRF, 13.10.2013, URL: http://www.srf.ch/play/tv/sternstunde-philosophie/video/david-graeber---warum-uns-schulden-versklaven?id=58a73fa9-24da-4068-ab1c-033cf285e590 (30.05.2015).

95 Albert Wenger: »Maschinen werden viele Jobs übernehmen«, BR, 20.01.2015, URL: https://www.youtube.com/watch?v=xSBseloxS68&list=PLP4hePAK6Tv7S-qRSfofzB9u2IalA_iUS&index=1 (30.05.2015).

96 Philipp Löpfe: Wir müssen jetzt ernsthaft über ein bedingungsloses Grundeinkommen sprechen, watson.ch, 11.01.2015, URL: http://www.watson.ch/!900046946 (30.05.2015).

97 Enno Schmidt: »Das ist mir zu philosophisch«, philosophie.ch, 11.12.2014, URL: http://blogs.philosophie.ch/grundeinkommen/2014/12/11/das-ist-mir-zu-philosophisch/ (30.05.2015).

98 Adolf Muschg: Gespräch über das bedingungslose Grundeinkommen, Theater Neumarkt Zürich, 25.02.2012, URL: https://vimeo.com/37668072 (30.05.2015).

99 Adolf Muschg: »Der Mensch beginnt da, wo er etwas nicht muss«, grundeinkommen.tv, 04.10.2012, URL: http://grundeinkommen.tv/adolf-muschg-zum-bedingungslosen-grundeinkommen/ (30.05.2015).

100 Vgl. Peter Sloterdijk: Streß und Freiheit, Berlin 2011, S. 47f.

101 Byung-Chul Han: Psychopolitik. Neoliberalismus und die neuen Machttechniken, Frankfurt 2014, S. 11.

102 Vgl. José Ortega y Gasset: Betrachtungen über die Technik. Der Intellektuelle und der Andere, Stuttgart 1949.

103 Friedrich Schiller: Briefwechsel, Nationalausgabe, Bd. 26, Weimar 1992, S. 299.

104 Vgl. Harry F. Harlow, Margaret Kuenne Harlow, Donald R. Meyer: Learning Motivated by a Manipulation Drive, Journal of Experimental Psychology, Nr. 40/1950, S. 228-234, URL: http://psycnet.apa.org/journals/xge/40/2/228/ (30.05.2015).

105 Vgl. Edward L. Deci: Intrinsic Motivation, Extrinsic Reinforcement, and Inequity, Journal of Personality and Social Psychology, Nr. 22/1972, S. 113-120, URL: http://www.selfdeterminationtheory.org/SDT/documents/1972_Deci_JPSP.pdf (30.05.2015).

106 Vgl. Edward L. Deci: Effects of Externally Mediated Rewards on Intrinsic Motivation, Journal of Personality and Social Psychology, Nr. 18/1971, S. 105-115, URL: http://www.selfdeterminationtheory.org/SDT/docments/1971_Deci.pdf (30.05.2015).

107 Brand eins: Die Welt in Zahlen, Nr. 9/2009, URL: http://www.brandeins.de/archiv/2009/arbeit/ (30.05.2015).

108 Lukas Rühli: »Ein unmoralisches Konzept«, Pola rennt, 05.06.2014, URL: http://grundeinkommen.tv/pola-rennt-1-ein-unmoralische-konzept-lukas-ruehli-avenir-suisse/ (30.05.2015).

109 Michael Sennhauser: Grundeinkommen statt Lohn, Schweizer Radio DRS, 16.09.2008, URL: http://www.srf.ch/play/radio/popupaudioplayer?id=45cbfdf7-7938-4f7f-894c-e13724989bd9 (30.05.2015).

110 Guido Kleinhubbert, Alexander Neubacher: Die Hartz-Fabrik, Der Spiegel, Nr. 1/2011, URL: http://magazin.spiegel.de/EpubDelivery/spiegel/pdf/76121041 (30.05.2015).

111 Götz W. Werner: »Das manische Schauen auf Arbeit macht uns alle krank«, Stern, Nr. 17/2006, URL: http://www.stern.de/wirtschaft/job/grundversorgung-das-manische-schauen-auf-arbeit-macht-uns-alle-krank-560218.html (30.05.2015).

112 Heribert Prantl: Schikane per Gesetz, Süddeutsche Zeitung, 27.12.2014, URL: http://www.sueddeutsche.de/politik/jahre-hartz-iv-schikane-per-gesetz-1.2281699 (30.05.2015).

113 Vgl. Tagesschau: Wenn Arme keine Sozialhilfe beziehen, Schweizer Fernsehen SRF, 24.11.2012, URL: http://www.tagesschau.sf.tv/Nachrichten/Archiv/2012/11/24/Schweiz/Wenn-Arme-keine-Sozialhilfe-beziehen (30.05.2015).

114 Vgl. Lukas Rühli: Einkommen ohne Grund. Warum das bedingungslose Grundeinkommen keines seiner Versprechen hält, avenir standpunkte, Nr. 5/2014, URL: http://www.avenir-suisse.ch/wp-content/uploads/2014/04as_grundeinkommen_hp.pdf (30.05.2015).

115 Vgl. Thomas Finkenauer (Hrsg.): Sklaverei und Freilassung im römischen Recht, Berlin 2006; Elisabeth Herrmann-Otto: Sklaverei und Freilassung in der griechisch-römischen Welt, Hildesheim 2009.

116 Vgl. Manuel Alonso Olea: Von der Hörigkeit zum Arbeitsvertrag, Heidelberg 1981; Klaus Adomeit: Gesellschaftsrechtliche Elemente im Arbeitsverhältnis, Berlin 1986; Elisabeth Herrmann-Otto (Hrsg.): Unfreie Arbeits- und Lebensverhältnisse von der Antike bis in die Gegenwart, Hildesheim 2005.

117 Georg Kreisler: Meine Freiheit, deine Freiheit, URL: https://www.youtube.com/watch?v=u8-4n9yxZ_s (30.05.2015).

118 Henrik Ibsen: Briefe, Berlin 1905, S. 159.

119 Vgl. Edelman Berland: Edelman Trust Barometer 2015, URL: http://www.edelman.com/news/trust-institutions-drops-level-great-recession/ (30.05.2015).

120 Jürgen Habermas, Jacques Derrida: Philosophie in Zeiten des Terrors. Zwei Gespräche, Berlin 2004, S. 170.

121 Vgl. Horst W. Opaschewski: Pädagogik der freien Lebenszeit, Opladen 1996.

122 Friedrich Fröbel: Fortgesetzte Nachricht von der allgemeinen Deutschen Erziehungsanstalt in Keilhau, Rudolstadt 1823, S. 31.

123 Vgl. Duden: Freizeit, URL: http://www.duden.de/rechtschreibung/Freizeit (30.05.2015)

124 Vgl. Statista: Ernährte Personen durch einen Landwirt in Deutschland bis 2012, URL: http://de.statista.com/statistik/daten/studie/201243/umfrage/anzahl-der-menschen-die-durch-einen-landwirt-ernaehrt-werden/ (30.05.2015).

125 Harald Welzer: Selbst denken. Eine Anleitung zum Widerstand, Frankfurt 2013, S. 219.

126 Stefan Brotbeck: »Wir brauchen mehr Muße, um nicht zu verblöden«, Basellandschaftliche Zeitung, 05.01.2013, URL: http://www.basellandschaftlichezeitung.ch/basel/basel-stadt/philosoph-stefan-brotbeck-wir-brauchen-mehr-musse-um-nicht-zu-verbloeden-125868624 (30.05.2015).

127 Ludwig Hohl: Die Notizen oder Von der unvoreiligen Versöhnung, Frankfurt 1984, S. 36.

128 Ebd., S. 33.

Literatur

Dieter Althaus, Hermann Binkert (Hrsg.): Solidarisches Bürgergeld. Den Menschen trauen. Freiheit nachhaltig und ganzheitlich sichern, Norderstedt 2010.

BIEN-Schweiz (Hrsg.): Die Finanzierung eines bedingungslosen Grundeinkommens, Zürich 2010.

Ronald Blaschke, Adeline Otto, Norbert Schepers (Hrsg.): Grundeinkommen. Von der Idee zu einer europäischen politischen Bewegung, Hamburg 2012.

Ronald Blaschke, Adeline Otto, Norbert Schepers (Hrsg.): Grundeinkommen. Geschichte – Modelle – Debatten, Berlin 2010.

Martin Booms: Ideal und Konzept des Grundeinkommens. Zur Struktur einer über sich selbst hinausweisenden Idee, Karlsruhe 2010.

Michael Borchard (Hrsg.): Das Solidarische Bürgergeld. Analysen einer Reformidee, Stuttgart 2007.

Ilja Braun: Grundeinkommen statt Urheberrecht? Zum kreativen Schaffen in der digitalen Welt, Bielefeld 2014.

Michael Brenner: Solidarisches Bürgergeld und Grundgesetz, Baden-Baden 2011.

Kai Ehlers: Grundeinkommen für alle. Sprungbrett in eine integrale Gesellschaft, Dornach 2007.

Andreas Exner, Werner Rätz, Birgit Zenker (Hrsg.): Grundeinkommen. Soziale Sicherung ohne Arbeit, Wien 2007.

Heiner Flassbeck, Friederike Spiecker, Volker Meinhardt, Dieter Vesper: Irrweg Grundeinkommen. Die große Umverteilung von unten nach oben muss beendet werden, Frankfurt 2012.

Manuel Franzmann (Hrsg.): Bedingungsloses Grundeinkommen als Antwort auf die Krise der Arbeitsgesellschaft, Weilerswist 2010.

Manfred Füllsack: Leben ohne zu arbeiten? Zur Sozialtheorie des Grundeinkommens, Berlin 2002.

Benediktus Hardorp: Arbeit und Kapital als schöpferische Kräfte. Einkommensbildung und Besteuerung als gesellschaftliche Teilungsverfahren, Karlsruhe 2008.

Jördis Heizmann: Designing Society. Das bedingungslose Grundeinkommen als gesellschaftsgestaltendes Element, Freiberg 2010.

Maik Hosang (Hrsg.): Klimawandel und Grundeinkommen. Die nicht zufällige Gleichzeitigkeit beider Themen und ein sozialökologisches Experiment, München 2008.

Dirk Jacobi, Wolfgang Strengmann-Kuhn (Hrsg.): Wege zum Grundeinkommen, Berlin 2012.

Sascha Liebermann: Aus dem Geist der Demokratie: Bedingungsloses Grundeinkommen, Frankfurt 2015.

Sascha Liebermann: Autonomie, Gemeinschaft, Initiative. Zur Bedingtheit eines bedingungslosen Grundeinkommens. Eine soziologische Rekonstruktion, Karlsruhe 2010.

Paul Mackay, Ulrich Rösch (Hrsg.): Grundeinkommen für jeden Menschen. Eine Herausforderung für Europa?, Dornach 2007.

Christian Müller, Daniel Straub: Die Befreiung der Schweiz. Über das bedingungslose Grundeinkommen, Zürich 2012.

Netzwerk Grundeinkommen (Hrsg.): Kleines ABC des bedingungslosen Grundeinkommens, Neu-Ulm 2009.

Hartmut Neuendorff, Gerd Peter, Frieder O. Wolf (Hrsg.): Arbeit und Freiheit im Widerspruch? Bedingungsloses Grundeinkommen – ein Modell im Meinungsstreit, Hamburg 2009.

Frieder Neumann: Gerechtigkeit und Grundeinkommen. Eine gerechtigkeitstheoretische Analyse ausgewählter Grundeinkommensmodelle, Berlin 2009.

Michael Opielka, Matthias Müller, Tim Bendixen, Jesco Kreft: Grundeinkommen und Werteorientierungen. Eine empirische Analyse, Wiesbaden 2009.

Michael Opielka, Georg Vobruba (Hrsg.): Das garantierte Grundeinkommen. Entwicklung und Perspektiven einer Forderung, Frankfurt 1986.

Eric Patry: Das bedingungslose Grundeinkommen in der Schweiz. Eine republikanische Perspektive, Bern 2010.

Helmut Pelzer: Das bedingungslose Grundeinkommen. Finanzierung und Realisierung nach dem mathematisch fundierten Transfergrenzen-Modell, Stuttgart 2010.

André Presse: Grundeinkommen. Idee und Vorschläge zu seiner Realisierung, Karlsruhe 2010.

Ferdinand Rohrhirsch: Zur Bedeutung des Menschenbildes in der Diskussion zu einem bedingungslosen Grundeinkommen. Philosophische und theologische Anmerkungen, Karlsruhe 2009.

Hans Ruh, Thomas Gröbly: Die Zukunft ist ethisch – oder gar nicht. Wege zu einer gelingenden Gesellschaft, Frauenfeld 2010.

Ulrich Schachtschneider: Freiheit, Gleichheit, Gelassenheit: Mit dem ökologischen Grundeinkommen aus der Wachstumsfalle, München 2014.

Thomas Schmid (Hrsg.): Befreiung von falscher Arbeit. Thesen zum garantierten Mindesteinkommen, Berlin 1986.

Dorothee Schulte-Basta: Ökonomische Nützlichkeit oder leistungsloser Selbstwert? Zur Kompatibilität von bedingungslosem Grundeinkommen und katholischer Soziallehre, Freiberg 2010.

Thomas Straubhaar (Hrsg.): Bedingungsloses Grundeinkommen und Solidarisches Bürgergeld – mehr als sozialutopische Konzepte, Hamburg 2008.

Yannick Vanderborght, Philippe Van Parijs: Ein Grundeinkommen für alle? Geschichte und Zukunft eines radikalen Vorschlags, Frankfurt 2005.

Georg Vobruba: Entkoppelung von Arbeit und Einkommen. Das Grundeinkommen in der Arbeitsgesellschaft, Wiesbaden 2007.

Georg Vobruba: Alternativen zur Vollbeschäftigung. Die Transformation von Arbeit und Einkommen, Frankfurt 2000.

Götz W. Werner, Wolfgang Eichhorn, Lothar Friedrich (Hrsg.): Das Grundeinkommen. Würdigung – Wertungen – Wege, Karlsruhe 2012.

Götz W. Werner, Adrienne Goehler: 1000 Euro für jeden. Freiheit, Gleichheit, Grundeinkommen, Berlin 2010.

Götz W. Werner, André Presse (Hrsg.): Grundeinkommen und Konsumsteuer. Impulse für »unternimm die zukunft«, Karlsruhe 2007.

Götz W. Werner: Einkommen für alle. Der dm-Chef über die Machbarkeit des bedingungslosen Grundeinkommens, Köln 2007.

Götz W. Werner: Ein Grund für die Zukunft: das Grundeinkommen. Interviews und Reaktionen, Stuttgart 2006.

Dank

Wir danken Jules Ackermann, Selma Bausinger, Ralph Boes, Kim-Fabian von Dall'Armi, Peter Dellbrügger, Stefan Heinrich Ebner, Tobias Faust, Arabelle Frey, Lilia I. Galarza Orcada, Daniel Graf, Niko Hammann, Georg Hasler, Benjamin Hohlmann, Alexander Höhne, Johannes Jansen, Christine Kovce, Mikael Krogerus, Katrin Kruse, Andreas Laudert, Stephan Meyer, Ulrich Muchenberger, Christian Müller, Johanna Niermann, Claire Niggli, Esther Petsche, Ursula Piffaretti, Pola Elena Rapatt, Alma Rau, Konstantin J. Sakkas, Enno Schmidt, Veronika Sellier, Oswald Sigg, Alex Silber, Regula Stämpfli, Armin Steuernagel, Daniel Straub, Che Wagner, Theo Wehner, Götz W. Werner, Susanne Wiest, Marilola Wili, Benjamin Worel und allen anderen.